高职高专"工学结合"特色教材

主　编　凌丽琴　邱小樱

副主编　王小琴　朱玉霞　季汉文

导游技能实训教程

江苏大学出版社
JIANGSU UNIVERSITY PRESS

镇江

图书在版编目(CIP)数据

导游技能实训教程/凌丽琴,邱小樱主编.— 镇江
：江苏大学出版社,2013.7
ISBN 978-7-81130-485-5

Ⅰ.①导… Ⅱ.①凌… ②邱… Ⅲ.①导游－高等职
业教育－教材 Ⅳ.①F590.63

中国版本图书馆 CIP 数据核字(2013)第 127754 号

导游技能实训教程

Daoyou Jineng Shixun Jiaocheng

主 编/凌丽琴 邱小樱
责任编辑/李菊萍 张小琴
出版发行/江苏大学出版社
地 址/江苏省镇江市梦溪园巷 30 号(邮编：212003)
电 话/0511-84446464(传真)
网 址/http：//press.ujs.edu.cn
排 版/镇江文苑制版印刷有限责任公司
印 刷/丹阳市兴华印刷厂
经 销/江苏省新华书店
开 本/718 mm×1 000 mm 1/16
印 张/10.75
字 数/190 千字
版 次/2013 年 7 月第 1 版 2013 年 7 月第 1 次印刷
书 号/ISBN 978-7-81130-485-5
定 价/28.00 元

如有印装质量问题请与本社营销部联系(电话：0511-84440882)

前　言

　　"工学结合"是以工作任务为导向实施教学,强调在教学中体现职业岗位与典型工作任务,将"工作"和"学习"这两个不同的过程有机融合,形成整体,以真正实现培养高素质、强技能高职人才为目标的教学模式。近年来,国内部分高职院校开始对课程进行"工学结合"教学模式改革,取得了显著的效果。

　　导游技能实训是旅游管理专业的核心课程,是培养学生职业核心能力的重要课程,适合按照"工学结合"课程的建设要求且依据导游工作流程,合理设置课程项目和教学环节,重视学生参与、师生互动。为了配合本课程进行"工学结合"课程改革,我们专门编写了《导游技能实训教程》,教材体例完整,内容实用,操作性强,融知识、技能、实践于一体,适合高职院校旅游管理专业师生使用,也可作为旅行社、景区导游从业人员的参考用书。

　　1. 优化教材体例

　　本书打破传统教材学科体例,构建了理论与实践高度融合的"工学结合"教材体例,依据"模块—项目—任务"的形式进行教材编写,每一项目均包含项目概述、项目目标、知识准备、任务导入、任务实施、项目拓展、导游资料库等教学环节,符合本课程"工学结合"、"教学做一体化"的需要,具有很强的实践性和可操作性。

　　2. 整合教材内容

　　本书以导游工作任务为导向将课程内容分为四大模块,具体为:模块一,接团服务;模块二,参观游览服务;模块三,送站服务;模块四,景区综合导游。每一模块分别设计若干个具体的工作项目及任务,以地陪工作为主线,兼顾全陪和领队的工作职责,突出导游工作集体合作的特点。

　　3. 注重行业动态

　　导游是旅游行业最具代表性的职业,其服务质量至关重要。随着旅游业的不断发展,旅游消费市场日益成熟,游客对导游的要求越来越高。本教材充分考虑了我国旅游行业实际,在对导游员所需的知识和技能进行深刻总结的基础上选取教学内容,并通过导游小贴士、导游资料库等形式提供了更加丰富的资讯。

4. 注重灵活思考

虽然我国导游服务质量持续改善,接待水平不断上升,但也面临着许多问题和压力,需要导游从业人员在服务理念、方式上不断创新。为了激发读者的灵活思考,培养读者的创新能力,本教材在每一项目之后都设置了"项目拓展"栏目,通过开放式的问题,实训式的任务,给读者留下了更大的思考和创造空间。

本教材由镇江高等专科学校凌丽琴担任主编并统稿、定稿,镇江高等专科学校的邱小樱、朱玉霞、王小琴和镇江神龙国际旅行社季汉文参与编写,具体编写任务如下:模块一由凌丽琴编写,模块二由邱小樱编写,模块三由王小琴编写,模块四由朱玉霞、季汉文编写。

本书在编写过程中,参阅了大量的书刊资料,并得到了江苏大学出版社的大力支持,在此一并表示诚挚的感谢!

由于编者学识有限,书中定有不足之处,敬请各位专家、同行和读者不吝赐教。

编　者

2013 年 5 月

目　录

模块一　接团服务

接团服务是导游工作的开端，是导游工作程序中的重要的一环，良好的接团服务能够为后续工作打下有利的基础。导游员接受旅行社下达的接团任务后，要做好接团准备，创作导游词，按时前往指定地点迎接旅游团。

项目一

接团准备

项目概述

导游员接到接待任务之后到正式上团之前,应做好接团准备工作。充分的接团准备能使导游员的接待工作有的放矢,有条不紊。导游员的接团准备主要包括业务准备、物质准备、知识准备、形象准备和心理准备。

项目目标

1. 知识目标

熟悉接待计划的基本内容;了解接团准备的主要内容;掌握接团准备的标准流程。

2. 技能目标

能合理分析接待计划;合理落实接待事宜;妥善做好物质准备。

3. 素质目标

培养良好的服务意识、团队意识和合作意识;培养耐心细致的工作作风。

知识准备

导游员接到旅行社分配的接待任务,领取了盖有旅行社印章的旅游接待计划后,接团准备工作就开始了。充分做好各项准备工作,能使导游员在导游工作中争取主动,有计划、有步骤地完成接待任务。

一、业务准备

1. 熟悉接待计划

接待计划是旅行社制订的组织落实旅游活动的契约性安排,是导游员了解旅游团基本情况和安排活动日程的主要依据。导游员在旅游团抵达前应认真阅读接待计划和有关资料,准确了解旅游团的服务项目和要求,重要事宜要做好记录。对接待计划上的内容有疑问时,应及时与有关人员联系核实。

2. 落实接待事宜

旅游团的接待涉及诸多接待环节,如交通、住宿、用餐、用车、参观游览等内容。还有许多在接待计划中不能体现出来的细节,都需要导游员在上团前进一步落实。例如,与全陪联系,约定接团的时间和地点;备齐有关旅行社、餐厅、饭店、司机及其他相关人员的联系方式等细节。

二、物质准备

导游员接团前应准备的物品主要有三大类:第一,职业证明物品。如导游证、胸卡、接待计划、名片等。第二,业务用品。如结算单据、导游旗、扩音器、接站牌、旅游车标志、宣传资料、意见表、导游图、记事本等。第三,个人用品。如工作包、防护用品(帽子、伞、润喉片、防晒霜等)、现金、手机(充电器)等。此外,导游员还可根据旅游团的特点及个人习惯准备必要的物品。

三、知识准备

在接团前,导游员要根据接待计划中确定的参观游览项目,对重点内容,特别是自己不太熟悉的内容,提前做好外语和导游知识的准备;针对旅游团大部分成员所从事的专业,做好相关专业知识准备。导游员还应熟悉并掌握在服务过程中所涉及的交通、通信、货币、海关、卫生等方面的旅行常识。

四、形象准备

导游员在接团过程中,除了承担旅游服务的主要职能外,还担负着宣传旅游目的地,传播中华文明的责任。美好的第一印象,有助于树立导游员的良好形象,获取游客的信赖。因此导游员要十分注重自身的形象美。形象美包括内在美和外在美。内在美需长期努力培养,而外在美经过修饰就可达到。导游员上团前要做好仪容仪表方面的准备,主要包括服饰、化妆和发型等。

五、心理准备

1. 准备面临艰苦复杂的工作

导游工作是一项脑力劳动,也是一项体力劳动。除了按照导游工作规范,热情地向游客提供基本的导游服务外,还要对需要特殊照顾的游客提供个性化服务。在接待工作中,有可能发生各种各样的问题或事故需要导游员去面对、解决。

2. 准备承受抱怨和投诉

在旅游接待过程中,有时可能遇到下列情况:导游员已经尽其可能向游客提供热情周到的服务,由于其他接待环节出现差错或非人为因素造成旅游过程中的不愉快,导致游客的抱怨和投诉;甚至还有一些游客会无故挑剔或提出苛刻要求。为此,导游员必须有足够的心理准备,沉着冷静地面对意料之外的各种问题,并继续以自己的工作热情感化游客。

任务1 熟悉接待计划

✳ 任务导入

2013年5月8日9:00,江苏海外国际旅行社地陪张芸接受江苏海外国际旅行社的委派,负责接待一个由北京康辉旅行社发出的旅游团队。请模拟地陪张芸的角色提前熟悉接待计划(见表1-1)。

表1-1   江苏海外国际旅行社接待计划

旅游单位	北京宏达建筑装饰公司		团号		BJKH－TD－130509－3	
游客人数	共10＋2人(男:5 女:5 儿童:2)					
订餐标准	早:自助餐20元/人 中:30元/人 晚:50元/人(均不含酒水)					
订房标准	双标间(三星或同等规格)					
往返航班(车次)/时间			往:G3/17:39 返:MU5181/18:30(组团社代订)			
接团 时间和地点	2013年5月9日17:39 南京高铁南站		送团 时间和地点		2013年5月13日18:30 上海虹桥国际机场	
组团社	北京风采旅行社	联系人		赵丹	电话/传真	1352288＊＊＊＊
地陪导游	张芸	电话	1580610＊＊＊＊	全陪导游	张云峰	电话	1381100＊＊＊＊
行 程 摘 要		时间	行程安排		住宿宾馆	
		5月9日	接站、沿途领略南京城市风貌,入住酒店		南京古南都明基酒店	
		5月10日	游览南京紫金山、中山陵、秦淮河—夫子庙风光带、总统府、玄武湖		南京古南都明基酒店	
		5月11日	汽车赴无锡,游览鼋头渚、灵山胜景,傍晚汽车赴苏州住宿		苏州书香门第商务酒店	
		5月12日	游览虎丘、留园、拙政园,傍晚汽车赴上海住宿,晚上自费游览上海夜景		上海金门大酒店	
		5月13日	游览上海浦东陆家嘴、外滩风光带,下午18:30送机			
租车单位	南京外事旅游汽车租赁有限公司			接团司机	马师傅	电话	1381389＊＊＊＊
随团司机	马师傅	电话	1381389＊＊＊＊	送团司机	马师傅	电话	1381389＊＊＊＊
车牌号	苏A902＊＊＊(17座金龙客车)					
备注						

旅行社(章):江苏海外国际旅行社   计调:陈萍   导游:张芸   时间:2013/5/9

旅游团团号编码可以用组团社名称大写拼音首字母,加上相应的出发日期组成,如北京康辉国际旅行社的编码为 BJKH-070501。有些旅行社划分比较清楚,由社名代码＋部门代码＋日期＋团数组成,如表 1-1 中所示团号 BJKH-TD-130509-3 的意思就是北京康辉国际旅行社团队部 2013 年 5 月 9 日的第 3 个团。

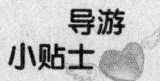

导游小贴士

张芸将要接待的旅游团游客名单见表 1-2。

表 1-2 游客名单

序号	姓 名	性 别	国 籍	年 龄	职 业	备 注
1	刘平(夫)	男	中国	50	总经理	团长
2	王娟(妻)	女	中国	46	教师	
3	刘强(夫)	男	中国	36	设计总监	
4	沈芳(妻)	女	中国	34	会计	
5	刘笑笑(女)	女	中国	8	小学生	不加床
6	张飞宇(夫)	男	中国	40	销售部经理	回族
7	蒋婷婷(妻)	女	中国	39	律师	
8	张浩天(子)	男	中国	11	小学生	加床
9	张华	女	中国	32	设计师	
10	张晓光	男	中国	35	设计师	
11	李菲菲	女	中国	22	设计师	
12	赵建业	男	中国	28	设计师	

旅行社(章):江苏海外国际旅行社　团号:BJKH-TD-130509-3　导游:张芸　时间:2013/5/9

✳ 任务实施

1. 熟悉旅游团概况

① 组团社名称(电话):_____

② 全陪姓名(电话):_____

③ 联系人姓名(电话):_____

④ 客源地:_____

⑤ 使用语言:_____

⑥ 以前是否合作过:是□　否□

⑦ 其他:＿＿＿＿＿＿＿＿＿＿＿＿＿＿＿＿＿＿

2. 熟悉旅游团成员

① 性别:男＿＿＿＿＿＿＿人;女＿＿＿＿＿＿＿人;

② 年龄:老人＿＿＿＿＿＿人;成人＿＿＿＿＿＿人;儿童＿＿＿＿＿人

③ 团队类型:独立团队□　散客成团□

④ 民族:＿＿＿＿＿＿＿＿＿＿＿＿＿＿＿＿＿＿＿＿＿＿

⑤ 宗教信仰:＿＿＿＿＿＿＿＿＿＿＿＿＿＿＿＿＿＿＿＿

⑥ 其他:＿＿＿＿＿＿＿＿＿＿＿＿＿＿＿＿＿＿＿＿＿

导游小贴士　　"独立成团"是指某一个团体(单位、家庭)为了出游方便独立成为一个出游单位,配备单独的导游;"散客成团"是指旅游团队是由同一旅行社或不同旅行社组织起来的,经游客同意组成的一个旅游团,由接待社统一安排相关旅游服务。不同类型的旅游团,导游员的服务重点和技巧不尽相同。

3. 熟悉旅游线路

① 全程路线:＿＿＿＿＿＿＿＿＿＿＿＿＿＿＿＿＿＿＿＿＿

② 旅游团抵达信息:时间＿＿＿＿＿＿地点＿＿＿＿＿＿班次＿＿＿＿＿

③ 旅游团离开信息:时间＿＿＿＿＿＿地点＿＿＿＿＿＿班次＿＿＿＿＿

④ 车辆信息:车号＿＿＿＿＿＿　驾驶员姓名(电话)＿＿＿＿＿＿＿＿

⑤ 本站为行程:首站□　中间站□　末站□

⑥ 其他:＿＿＿＿＿＿＿＿＿＿＿＿＿＿＿＿＿＿＿＿＿

4. 了解交通票据情况

① 旅游团离开方式:飞机□　火车□　汽车□

② 订票方式:旅行社代订□　游客自理□

③ 交通票是否订好:是□　否□

④ 有无变更：有□　无□

⑤ 送站地点：＿＿＿＿＿＿＿＿＿＿＿＿＿＿

⑥ 其他：＿＿＿＿＿＿＿＿＿＿＿＿＿＿＿＿＿

5. 了解住房要求

① 住宿酒店：＿＿＿＿＿＿＿＿＿＿＿＿＿＿＿

② 房间数：＿＿＿＿＿＿＿＿间

③ 房间类别(标准)：＿＿＿＿＿＿＿＿＿＿＿＿

④ 自然单间：有□　无□

⑤ VIP 房：有□　无□

⑥ 加床：有□　无□

　　如有，加＿＿张

⑦ 其他：＿＿＿＿＿＿＿＿＿＿＿＿＿＿＿＿＿

　　自然单间通常是在团队旅游中产生的，如果一个团队的总人数为奇数，就会出现一个人住一间的情况，即产生自然单间。即使团队总人数是偶数，也可能会出现自然单间，如一男一女但并非夫妻或情侣就会出现两个自然单间。大多数情况下，如果出现自然单间，旅行社都会要求游客补房费的差价，也就是说，如果一间房是 100 元，则要付 50 元的房费差价，因为团费里的住宿费都是按两个人住一间来计算的。

导游小贴士

6. 了解餐饮要求

① 早餐类型：自助餐□　桌餐□

② 正餐类型：自助餐□　桌餐□

③ 正餐标准：中餐＿＿＿＿＿＿＿＿＿　晚餐＿＿＿＿＿＿＿＿

④ 正餐是否含酒水：是□　否□

⑤ 风味餐：有□　无□

⑥ 餐饮禁忌：＿＿＿＿＿＿＿＿＿＿＿＿＿＿＿

⑦ 其他:_____

7. 了解游览要求

① 主要参观游览景点:_____

② 自费项目:有□　　无□

③ 自费项目收费方式:组团社预收□　　地接社现收□

④ 讲解要求:_____

⑤ 其他:_____

8. 了解其他要求

① 会见、参观项目:有□　　无□

② 特殊关照对象:残疾人□　　70 岁以上老人□

　　　　　　　　婴儿□　　　孕妇□

　　　　　　　　病人□

③ 需要特别准备的物品:_____

任务2　落实接待事宜

❋ 任务导入

2013 年 5 月 8 日 14:00,地陪张芸与相关部门及人员落实旅游团接待事宜。

❋ 任务实施

1. 地陪张芸与宾馆总台电话联络,落实住房

① 熟悉入住酒店位置:＿＿＿＿＿＿＿＿＿＿＿＿＿＿＿＿＿＿＿

② 熟悉入住酒店周边环境:＿＿＿＿＿＿＿＿＿＿＿＿＿＿＿＿

③ 了解酒店主要服务设施、项目:＿＿＿＿＿＿＿＿＿＿＿＿

④ 核实团队所订房型、房间数:＿＿＿＿＿＿＿＿＿＿＿＿＿

⑤ 核实早餐安排:＿＿＿＿＿＿＿＿＿＿＿＿＿＿＿＿＿＿＿＿

> 如有必要,地陪可亲自前往饭店向有关人员了解团队房间安排情况,主动介绍团队的特点,与饭店接待人员配合做好接待工作。
>
> **导游 小贴士**

2. 地陪张芸与餐厅经理电话联络,落实用餐

① 了解餐厅位置:＿＿＿＿＿＿＿＿＿＿＿＿＿＿＿＿＿＿＿＿

② 核对用餐时间、人数:＿＿＿＿＿＿＿＿＿＿＿＿＿＿＿＿＿

③ 核实用餐标准、类型:＿＿＿＿＿＿＿＿＿＿＿＿＿＿＿＿＿

④ 其他特殊要求:＿＿＿＿＿＿＿＿＿＿＿＿＿＿＿＿＿＿＿＿

任务3　做好物质准备

❋ 任务导入

2013年5月8日16:00,地陪张芸准备接团物品,制作接站牌。

❋ 任务实施

1. 准备接团物品

导游员接团物品清单
① 职业证明物品:接待计划□　行程表□　导游证□　胸卡□　名片□
② 业务用品:团队结算单□　游客意见调查表□　通讯录□　现金□
导游旗□　接站牌□　扩音器□　旅游车标志□
团队标志贴□　旅游帽(游客用)□　宣传资料□　导游图□
③ 个人用品:工作包□　衣物□　手机(充电器)□　帽子□　伞□　药品□

导游小贴士　　除了上述物品外,导游员还可以根据旅游团的特殊要求,为残疾人预备轮椅、拐杖,为探险旅游团准备需要的帐篷、防寒衣物、防雨用具等有关工具,以及手电筒、手机充电器等应急物品。

2. 制作接站牌

一般的接站牌如图1-1所示。

北京康辉国际旅行社　北京	(A)	(B)
BJKH-TD-130509-3　张云峰	(C)	
江苏海外国际旅行社	(D)	

图1-1　接站牌

A(组团社名称)：_____

B(客源地)：_____

C(团队代号、全陪或领队姓名)：_____

D(地接社名称)：_____

　　制作接站牌时应使用较大的纸张,同时书写时注意使用鲜艳的颜色并书写醒目的粗体字。　　**导游小贴士**

项目拓展

　　1. 2012 年 10 月 12 日,来自青岛旅游职业技术学院导游系的专家老师来我校旅游系参观考察,考察为期 2 天,其中安排一天在我校参观座谈,另一天安排市区游览。考察人员名单见表 1-3。

表 1-3　青岛旅游职业技术学院专家名单

序　号	姓　名	性　别	国　籍	年　龄	职　业	备　注
1	张建国	男	中国	49	系主任	团长
2	王　萍	女	中国	47	系副主任	
3	张晓军	男	中国	46	系副主任	
4	刘明亮	男	中国	41	教研室主任	
5	赵一山	男	中国	42	教师	
6	陈婷婷	女	中国	35	教师	
7	马　莉	女	中国	31	教师	
8	陈　扬	男	中国	36	教师	
9	刘　芳	女	中国	36	教师	

　　① 请为专家团制订一个 2 天的旅游接待计划。

　　② 模拟地陪角色,做好接团准备。

　　2. 有两个旅游团即将入住本地刚刚营业的一家标准较高的饭店,其中一个是来自台湾的观光团,另一个是来自某高校的旅游专业教师团,请根据他们的特点,做好相应的准备工作,并确定服务重点。

导游资料库

优秀导游上团必备的物品①

想要做好导游工作,除了有过硬的专业技能以外,还要有常人难以想象的细心,在此介绍优秀导游在上团时所准备的物品。

(1) 大型旅行袋。带团的时候旅行袋是必须准备的,不过为什么这里特别提出要准备"大型"的呢? 因为导游首先必须注重仪表,比较注重仪表的导游往往能受到游客的欢迎。因此,旅行袋大一点,就能装得多一点,带的东西就可以更加详细复杂一点,虽然给自己增加了一些麻烦,但是为工作提供了很多的便利。

(2) 衣物。对于衣物的准备是很有技巧的。首先,得看行程有多少天,至少得准备行程天数乘以 70% 得到的数字的衣物。衣物种类的选择要看当地的气候特点,例如,到海拔比较高的地区,那里气候变化很大,要包括内衣、袜子、衬裤、外裤、外套(厚薄两种),甚至在夏天也要考虑带上毛衣、帽子等。

(3) 手机、充电器和电话簿。

(4) 手表。可以随时预算时间,以及通知游客时间和规定游客的游览时间。

(5) 导游旗和旗杆。导游旗一般是公司发的,一定要保管好,一些公司甚至要求导游付押金。旗杆尽量购买专用的,粗一点的比较好,这样不至于被风吹弯,看上去整洁、专业。尽量不要用其他物品替代旗杆。

(6) 计算器。计算器用来计算资金的使用,付款时要自己算一下,避免付错。

(7) 手电筒。万一遇到夜晚行车,需要使用手电筒检修车辆,进入溶洞也需要使用它。

(8) 墨镜。遮挡阳光,必要时还可以避开"某些"不必要的关注。

(9) 笔记本和笔。记录团队每天行程中的各种情况,比如餐食条件、宾馆情况、自己的收获、付出的款项、第二天需要注意的事情等。

(10) 名片夹。带团中经常会遇到别人发名片给你的情况,如果随随便便将别人的名片直接放到裤子口袋中是很不礼貌的。花点小钱,准备个名片夹

---

① 傅远柏,章平:《模拟导游》,清华大学出版社,2010 年,第 13 – 14 页。

是非常合适的。

（11）激光笔。激光笔在导游工作中会带来意想不到的方便，比如在博物馆中讲解时，由于多数博物馆都有玻璃护罩，所以无法很准确地将自己想介绍的东西指给游客看，这时，激光笔就派上了大用场。

（12）哨子。经常有导游为了喊游客以至于喉咙嘶哑，如果有哨子的话，就方便多了。首先告诉游客哨子长响一声表示集合，短响两声表示赶快，游客很快就召集好了。不要觉得这样不礼貌，多数游客对这种方式反映很好，也非常有效。

（13）随身小包。一来取东西方便，一些小型的、使用频率高的物品都可以放在其中；二来不容易丢失。另外，挎包也可以，不过，一定得采用斜挎的方式来背。背包是最容易丢失的，一般不要选择。

（14）书籍。无聊的时候翻翻书也挺好的，既可以消磨时间，又可以学习东西。不过，如果是和带团有关的书籍，还是尽量不要在游客面前看。否则，有些游客会以为你在临时抱佛脚。

（15）小零食。打发时间的好伴侣，有时也能帮你拉近和游客的关系。

（16）奶粉和开胃小菜（榨菜等）。在菜肴不合口味时，拿出自己的开胃小菜会让游客忘记对餐厅的不满，并且对推销土特产有很好的帮助。

（17）常备药。人吃五谷生百病，导游的工作本来就辛苦，路上生病是难免的。又不能丢下工作，因此吃点药是需要的。不过绝对不能拿自己的药给游客吃，因为导游不是医生，没有开药的权利，一旦发生问题，是导游的全责。

（18）DVD。虽然司机在车上会准备一些，但不见得适合游客的口味，而导游在出团之前就已经对游客有所了解，准备一些合适的碟片，也是对自己工作有帮助的。

（19）话筒和电池。虽然旅游巴士上会有，但是有可能发生质量不好或者中途坏掉，因此，很多导游都会再准备一个备用。最好是一个无线话筒，这样可以不受连接线的限制，即使是要和最后一排的游客做游戏，也完全不受影响。当然，领夹式麦克风或头戴式麦克也是必不可少的物品，在景区讲解时就全要靠它了（规定不能使用扩音器的景点除外）。

项目二

接站服务

项目概述

"良好的开始是成功的一半",游客往往会根据导游员接站服务的质量和水平对导游员的工作能力做初步的判断,因此,导游员的接站服务应及时、热情、专业、自信。导游员接站服务主要包括旅游团抵达前的服务、找认旅游团和途中服务三个工作环节。

项目目标

1. 知识目标

了解接站服务的程序;掌握欢迎辞的内容与种类;熟悉首次沿途导游的主要内容。

2. 技能目标

能圆满完成接站服务;能进行欢迎辞的创作及讲解;能进行规范的首次沿途导游。

3. 素质目标

培养良好的服务意识和敬业精神;培养细致的工作作风;培养善于观察与沟通的能力。

知识准备

《导游服务质量》要求:"在接站过程中,导游员应使旅游团(者)在接站地点得到及时、热情、友好的接待,了解在当地参观游览活动的概况。"

　　接站服务,是指导游员前往机场(车站、码头)迎接游客,并将游客转移到所下榻饭店的过程中要做的工作。

一、旅游团抵达前的服务

1.确认交通工具的准确抵达时间

　　接团当天导游员应提前去旅行社落实或打电话询问旅游团计划有无变更等情况,接站前,应向机场(车站、码头)问讯处问清旅游团所乘班次的准确抵达时间。一般情况下,至少应在飞机预定抵达时间前 2 小时,火车、轮船预订抵达时间前 1 小时向问讯处询问。

2.与旅行社司机联络

　　导游员与旅游车司机电话联系,与其商定出发时间,确定会合地点,确保至少提前半小时抵达接站地点。

　　与司机碰面后前往接站地点的途中,导游员应告诉司机该团的活动日程和具体安排。

3.提前抵达接站地点

　　导游员应提前半小时抵达机场(车站、码头),与司机商定车辆停放位置。如已安排行李员,导游员应与行李员联络,并向行李员交代旅游团的名称、人数,通知行李运送地点,了解行李抵达饭店的大致时间。

4.再次核实旅游团抵达的准确时间

　　导游员在落实上述工作后,应随即到问讯处再次核实旅游团所乘飞机(火车、轮船)抵达的准确时间。如被通知所接班次晚点,若推迟时间不长,导游员可留在接站地点继续等待;若推迟时间较长,导游员应立即与旅行社有关部门联系,听从安排,重新落实接站事宜。

5.迎接旅游团

　　在旅游团出站前,导游员应持本旅行社导游旗及接站牌,站在出口处醒目位置,热情迎候旅游团。接小型旅游团或无领队、全陪的散客旅游团时,要在接站牌上写上游客姓名、单位或客源地,以便游客主动联系地陪。

二、找认旅游团

1.认真核实,防止错接

　　旅游团所乘班次的游客出站时,导游员要设法尽快找到所接旅游团。地陪可高举接站牌站在醒目的地方,以便旅游团的领队和全陪前来联络;也可以根据组团社的导游旗或游客的人数及其他标志来辨认。找到旅游团后,为防止错接,地陪应及时与领队、全陪接洽,核实相关信息。

2. 核实人数

导游员确认所要接待的旅游团后,应及时向全陪或领队核实实到人数,并询问团队情况,集中清点并交接行李。

3. 集中登车

上述工作完成后,导游员应提醒游客带齐随身物品,引导其前往乘车处。为确保团队的安全,导游员应高举导游旗,以适当的速度走在团队的前面引导游客;同时还要请全陪或领队走在旅游团的最后面照顾游客。

游客登车时,导游员应恭候在车门旁,协助游客上车就座。等所有游客都上车后,导游员应清点人数并检查行李物品是否摆放妥当,待游客坐稳后请司机开车。

三、途中服务

地陪带领游客离开机场(车站、码头)前往所下榻饭店的行车途中,是导游员给游客留下良好第一印象的重要环节。在此过程中,地陪要做好以下工作。

1. 致欢迎辞

一般情况下,地陪应在游客上了旅游车赴饭店的途中致欢迎辞。但如果遇到有领导前往迎接,或在机场逗留时间较长,或旅游团人数较多不能保证每辆车上都有陪同时,则可在机场(车站、码头)致欢迎辞。欢迎辞的内容应视旅游团的性质、国籍、游客的年龄、文化水平、职业、居住地区及旅游季节等不同而有所不同,不能千篇一律。说话要符合导游身份,做到诚恳、亲切、简明扼要,切忌做作。

2. 首次沿途导游

首次沿途导游是指导游在机场(车站、码头)接到旅游团后前往饭店途中的第一次导游讲解。它既可以满足游客的好奇心和求知欲,又可以展示导游员自身的知识、技能,使游客对导游员产生信任感和满足感。首次沿途导游的内容依据路途远近和时间长短而定,主要介绍当地的风光、风情及下榻饭店。

任务1 旅游团抵达前的服务

❋ 任务导入

2013年5月9日15:00,地陪张芸准备前往南京高铁南站,迎接旅游团。

❋ 任务实施

1. 致电车站问讯处,确认列车抵达信息

① 列车抵达准确时间:_____

② 列车抵达地点:_____

③ 接站车辆停放位置:_____

④ 接站位置(出口位置):_____

2. 与接团司机电话联络

① 询问旅游车车型、车牌号:_____

② 商定出发时间:_____

③ 约定双方会合时间、地点:_____

导游员与司机约定出发时间时,要注意确保导游员至少提前30分钟达到接站地点。如果是接待大型团队,导游员应在旅游车上贴上醒目的编号或标志,一般是贴在车前玻璃处。

导游小贴士

任务 2　找认旅游团

✳ 任务导入

2013 年 5 月 9 日 17：00，地陪张芸与司机马师傅提前抵达南京高铁南站，张芸手持旅行社导游旗和接站牌，站在出口处醒目位置，迎候来自北京的旅游团队。

（半小时后）车站广播列车抵达，过了几分钟，地陪张芸在出口处看到了带有北京康辉旅行社标志的旅游团。

✳ 任务实施

1. 找认旅游团

① 高举接站牌，站在醒目处：_____

② 自行判断，主动询问：_____

③ 核实团队信息：全陪（领队）姓名_____　团名_____

　客源地_____　组团社_____

2. 核实人数

① 计划游客人数：_____

② 实到游客人数：_____

③ 变更人员名单：_____

④ 变更原因：_____

⑤ 通知旅行社：_____

3. 询问团队情况

① 身体状况：_____

② 旅途状况：＿＿＿＿＿＿＿＿＿＿＿＿＿＿＿＿＿＿＿＿＿＿

③ 特殊要求：无□　有□＿＿＿＿＿＿＿＿＿＿＿＿＿＿＿＿＿

> **导游小贴士**
>
> 　　如果团队是白天到达，导游员应在团队抵达前，与领队、全陪商定是先回饭店，还是马上进行游览。

4. 集中清点行李

① 将行李集中到指定位置：＿＿＿＿＿＿＿＿＿＿＿＿＿＿＿＿＿

② 提醒游客检查行李物品：＿＿＿＿＿＿＿＿＿＿＿＿＿＿＿＿＿

5. 集中登车

① 引导游客前往乘车处：＿＿＿＿＿＿＿＿＿＿＿＿＿＿＿＿＿＿

② 协助游客上车、落座：＿＿＿＿＿＿＿＿＿＿＿＿＿＿＿＿＿＿

③ 检查行李放置情况：＿＿＿＿＿＿＿＿＿＿＿＿＿＿＿＿＿＿＿

④ 清点人数：＿＿＿＿＿＿＿＿＿＿＿＿＿＿＿＿＿＿＿＿＿＿＿

⑤ 示意司机开车：＿＿＿＿＿＿＿＿＿＿＿＿＿＿＿＿＿＿＿＿＿

> **导游小贴士**
>
> 　　散客团因为没有领队，团队成员又彼此不熟悉，有时会发生争抢旅游车座位的现象，如处理不当，甚至会引发小摩擦。为了预防这种情况的发生，导游员可采取在游客登车之初就明确座位安排的方法，并在后续的行程中固定下来。

任务3 致欢迎辞

✳ 任务导入

地陪张芸根据行程安排,与司机商定行车路线,旅游车开动后,张芸向旅游团队全体游客致欢迎辞。

✳ 任务实施

1. 商定行车路线

行车路线:_____

_____

_____

> **导游小贴士** 开车前地陪应与司机简单商定行车路线,注意选择最便捷、美观、通畅的行车路线,避开拥堵、脏乱的地段,使游客对旅游目的地留下美好的第一印象。

2. 致欢迎辞

① 问候游客:_____

② 表示欢迎:_____

_____

③ 介绍自己和司机:_____

_____

④ 表达为游客服务的意愿:_____

_____

⑤ 表达祝愿：_____

_____

　　不同的旅游团其基本情况是不一样的，因此欢迎辞也不应千篇一律。导游员致欢迎辞时要根据不同阶层、地区采取不同的方式，以期收到最好的效果。

导游小贴士

任务4 首次沿途导游

✳ 任务导入

旅游车行进过程中,地陪张芸向游客做首次沿途导游。

✳ 任务实施

1. 首次沿途导游

① 介绍城市概况:_____

_____

_____

② 讲解城市风光:_____

_____

_____

③ 介绍下榻饭店:_____

_____

④ 介绍活动安排:_____

_____

⑤ 其他注意事项:_____

项目拓展

1. 2012 年 8 月 4 日上午 10 点,一个来自青岛的小学生夏令营来到我市旅游。

① 模拟地陪的角色,做好旅游团的接站服务。

② 模拟地陪,致欢迎辞,并且做首次沿途导游。

接站服务:_____

_____

致欢迎辞:_____

_____

首次沿途导游:_____

_____

2. 导游人员做沿途导游时应如何选择性地介绍城市风光?

_____

_____

_____

_____

_____

_____

导游资料库

欢迎辞的类型①

一般来说,欢迎辞主要有以下类型。

规范式:要点全面,简单直接,没有华丽的辞藻,也没有幽默表现。适用于规格较高、身份特殊的游客。对简单游客而言略显单调乏味,甚至会引起反感。

聊天式:感情真挚,亲切自然,如话家常,娓娓道来,游客容易接受,尤其适用于休闲消遣型的游客。

调侃式:风趣幽默,亦庄亦谐,玩笑无伤大雅,自嘲不失小节,言者妙语连

① 傅远柏,章平:《模拟导游》,清华大学出版社,2010年,第21-22页。

珠,听者心领神会。可以调节气氛,消除紧张。不适用于身份较高,自视骄矜的游客。

抒情式:语言凝练,感情饱满,富有哲理,引用名言警句,使用修辞手法。能够激发游客兴趣,烘托现场气氛,但不适用文化水平较低的游客。

安慰式:语气温和,通情达理,试图用善解人意的话语拨开游客心中的阴云。游客可能会因为交通工具晚点、行李物品损坏或遗失、或者与工作人员争执产生不快。导游员通过询问全陪或领队,观察游客言谈举止从而做到心中有数,有的放矢。

项目三

入店服务

项目概述

　　饭店是游客在旅游地"临时的家",导游员应为游客提供周到的入店服务,帮助游客顺利入住饭店。导游员入店服务主要包括办理入住手续、介绍下榻饭店、照顾游客进入房间、陪同旅游团用好第一餐、商定叫早时间及重申活动安排等服务程序。

项目目标

1. 知识目标
　　了解入店服务的程序;了解游客在入店过程中可能出现的问题。

2. 技能目标
　　能熟练地为游客办理入住手续;能带领游客用好第一餐;能妥当地解决游客在入店过程中出现的问题。

3. 素质目标
　　培养良好的职业精神;培养灵活应变的工作方式。

知识准备

一、办理入住手续

　　游客抵达饭店后,导游员可将游客引导到饭店大堂,请游客稍作休息,集中等候。协助领队或全陪办理住店手续,并请领队或全陪分配房间。导游员应记下领队、全陪的房间号,必要时也要掌握团队中重要游客的房间号,同时要将全体团员的房间号做记录,并把自己的联系方式和房间号(如果导游员也住在饭店)告知领队、全陪和所有游客,以便需要时联系。

二、介绍下榻饭店

游客进入房间前,导游员可在大堂向全团简要介绍饭店设施,如餐厅、客房、公共洗手间、康乐中心、商场等设施的位置;说明游客所住房间的楼层和房门锁的开启方法;提醒游客住店期间的注意事项和各项服务的收费标准;如游客是晚间抵达(需用晚餐),还应该宣布晚餐时间、地点、用餐形式等。

三、照顾游客进入房间

游客进房时,导游员必须到旅游团所在楼层查看游客入住是否顺利。入住过程中常常还会发生以下问题:门锁打不开;客房不符合标准;房间不够整洁或还未打扫;房间设施不全或有损坏;电话线不通;等等。这时,导游员要协助饭店有关部门及时处理。

四、安排叫早服务

一切安排妥当后,导游员应与领队、全陪一起商定第二天的叫早时间及就餐时间,并请领队通知全团成员;同时要把游客的房间号和叫早时间告知饭店总台,安排叫早服务。

五、陪同用好第一餐

旅游团第一餐安排在游客进房前还是进房后,要根据游客到达饭店的时间和游客的要求来定。如团队成员因身体状况或宗教信仰等原因,有用餐的个别要求,应提前通知餐厅做好准备。导游员应与领队、全陪商定用餐时间和地点,等全体成员到齐后,亲自带领游客进入餐厅,引领旅游团成员入座。游客开始用餐后,导游员应询问游客对餐饮的感受,如有问题,应及时与餐厅联系,予以解决。

六、重申活动安排

用餐完毕后,导游员在游客返回房间前可向全团游客重申当天或第二天的日程安排,包括叫早时间、早餐时间及地点、用餐形式、集合地点、出发时间等,提醒游客做必要的游览准备(如着装、防护设备等)。

任务 1　办理住店手续

❋ 任务导入

2013 年 5 月 9 日 19∶00,旅游车抵达南京古南都明基酒店,地陪张芸协助全陪张云峰办理旅游团入住手续。

❋ 任务实施

1. 办理入住手续

① 说明团队名称:＿＿＿＿＿＿＿＿＿　订房单位:＿＿＿＿＿＿＿＿＿＿＿

② 核对房间数量、房型:＿＿＿＿＿＿＿＿＿＿＿＿＿＿＿＿＿＿＿＿＿＿

③ 填写住房登记表:＿＿＿＿＿＿＿＿＿＿＿＿＿＿＿＿＿＿＿＿＿＿＿＿

④ 收取游客证件:＿＿＿＿＿＿＿＿＿＿＿＿＿＿＿＿＿＿＿＿＿＿＿＿＿

> 　旅游团入住饭店的手续一般由地陪负责办理,入住登记由全陪或领队负责办理,办理手续时如需用到游客证件应由全陪负责收取。
>
> **导游小贴士**

2. 协助全陪分配房间

＿＿＿＿＿＿＿＿＿＿＿＿＿＿＿＿＿＿＿＿＿＿＿＿＿＿＿＿＿＿＿＿＿＿＿

＿＿＿＿＿＿＿＿＿＿＿＿＿＿＿＿＿＿＿＿＿＿＿＿＿＿＿＿＿＿＿＿＿＿＿

＿＿＿＿＿＿＿＿＿＿＿＿＿＿＿＿＿＿＿＿＿＿＿＿＿＿＿＿＿＿＿＿＿＿＿

> 　旅游团入住饭店时,一般由领队或全陪分配房间,地陪可提供协助。
>
> **导游小贴士**

任务 2　商定叫早时间

✳ 任务导入

2013 年 5 月 9 日 19:20,地陪张芸与全陪商定第二天叫早时间,请全陪通知旅游团成员,地陪通知宾馆总台。

✳ 任务实施

1. 商定叫早时间

① 叫早时间:_____

② 早餐时间:_____

③ 出发时间:_____

2. 通知总台叫早

① 告知总台叫早时间:_____

② 告知房间号:_____

任务3 用好第一餐

✳ 任务导入

2013 年 5 月 9 日 19：30,地陪张芸带领游客前往餐厅用晚餐。

✳ 任务实施

1. 陪同游客用第一餐

① 介绍就餐规定：＿＿＿＿＿＿＿＿＿＿＿＿＿＿＿＿

＿＿＿＿＿＿＿＿＿＿＿＿＿＿＿＿＿＿＿＿＿＿＿＿＿

② 自费项目：＿＿＿＿＿＿＿＿＿＿＿＿＿＿＿＿＿＿＿

＿＿＿＿＿＿＿＿＿＿＿＿＿＿＿＿＿＿＿＿＿＿＿＿＿

③ 是否有特殊要求:有□　无□

＿＿＿＿＿＿＿＿＿＿＿＿＿＿＿＿＿＿＿＿＿＿＿＿＿

④ 询问游客对餐品的意见：＿＿＿＿＿＿＿＿＿＿＿＿＿

⑤ 祝大家用餐愉快后离开：＿＿＿＿＿＿＿＿＿＿＿＿＿

> 游客落座后,导游员应向游客介绍该餐厅就餐的有关规定,如哪些饮料在费用之内,哪些不包括在内;若有超出规定的服务要求,费用需要游客自理;等等。　**导游小贴士**

2. 重申第二天活动安排

① 叫早时间：＿＿＿＿＿＿＿＿＿＿＿＿＿＿＿＿＿＿＿

② 早餐时间：＿＿＿＿＿＿＿＿＿＿＿＿＿＿＿＿＿＿＿

③ 早餐地点：_____

④ 早餐形式：自助餐□　桌早□

⑤ 出发时间：_____

⑥ 集合地点：_____

⑦ 需要特别说明的事项：_____

项目拓展

1. 如果进错了饭店，导游员该怎么办？

案例：导游员小李出任华东线全陪，带团游览南京、镇江、扬州、上海、杭州5个城市。当旅游团抵达上海时，依照接待计划，入住一家相当不错的××酒店，住房由小李所在的旅行社自订。然而当小李和地陪来到该饭店的总台时，却发现电脑上没有这个团的客房预订。小李马上打电话给自己的旅行社，旅行社计调解释为，因为价格原因选择了另外一家开张时间不太长，但是更豪华、价格却相对较便宜的饭店，由于没有及时在接待计划书上更改过来，因此误导了全陪小李。

_____

_____

_____

_____

2. 安排老年旅游团住宿，应注意哪些问题？

_____

_____

_____

_____

导游资料库

中国八大美食城市①

1. 北京

北京得首都之利,汇集了全国佳肴,可以说是要吃什么就有什么。不仅如此,近几年来涌入北京的西洋菜系也遍布京城,法国大菜、俄式西餐、意大利风味、美式快餐,已成为北京人隔三差五品尝的佳馔。不过,既然不远万里来到北京,就不得不以品尝地地道道的北京菜为先。北京烤鸭有"天下第一美味"之称,也是北京风味的代表作。吃烤鸭的最佳去处当是北京前门外、和平门、王府井的"全聚德烤鸭店"。这家店创建于130年前,如果从烤鸭店的鼻祖杨仁全经营鸭子算起,那又要上推30年。宫廷菜是北京菜系中的一大支柱,体现了北京800年为都的历史特点,有着十足的贵族血统。时至今日,宫廷菜早已流入民间,但仍然严格地保留着贵族风范。

2. 广州

广州人爱吃、会吃,天下闻名,夸张点的说法就是:广州人除了四足的桌子不吃外,什么都吃,于是,麻雀、鹧鸪、蝙蝠、海狗、鼠、狗、蛇、龟……超过一千种材料可以变成桌上佳肴,甚至不识者误认为"蚂蟥"的禾虫,亦在烹制之列,而且一经厨师之手,顿时就变成奇珍异品、美味佳肴,令中外人士刮目相看,十分惊异。

3. 天津

天津的饮食文化驰名中外,不少到天津旅游的人都是奔着吃去的。天津菜已有300多年的历史,上千个品种,烹饪技术以鲜咸为主,主料突出,配料考究,色鲜味俱全。另外,在天津的大街小巷,还可以尝到全国各地的风味菜肴。天津市主要的特色食品街有南市食品街、和平区风味食品街、十月美食街。此外,天津还有一些历史悠久的老字号,如桂顺斋、祥德斋、正兴德茶庄、一品香糕点店、四远香糕点店、杜称奇蒸食铺、恩发德羊肉包子铺、起士林西餐厅等。

4. 上海

在中国烹饪中,上海烹饪又博采众长,多姿多彩,别具特色,故海内外早就

---

① http://finance.ifeng.com/city/dhcs/pic/2009/0602/53.shtml

有"吃在上海"之说。上海各帮风味流派纷呈,名菜荟萃,能品尝到上海菜、苏州菜、无锡菜、宁波菜、广州菜、北京菜、四川菜、安徽菜、福建菜、湖南菜、河南菜、山东菜、扬州菜、潮州菜、清真菜和素食菜等佳肴。上海确确实实是美食家的乐园。上海有许多独具特色的"老字号"餐馆,它们都有自己的绝活——特色招牌菜,吸引了海内外众多的美食家。

5. 重庆

重庆是川菜的发源地之一,也是川菜主要代表地域之一,重庆的川菜博采全国各大菜系之长,兼收并蓄,妙味无穷。烹饪方法多种多样,花色菜品达4000多个,重庆毛肚火锅、山城小吃更是有口皆碑。到重庆领略巴渝饮食文化,品尝风味独到的川菜和名小吃,特别是堪称独秀天下的"重庆火锅",已成为广大中外游客及美食家的一大乐趣。

6. 佛山

佛山是珠江三角洲的"美食之乡",这里土地肥沃,水网交错,物华天竞,"海陆空"物产颇丰。无论天上飞、地上走、土里钻、水中游的动物,还是那青葱滴翠的各种果蔬,在厨艺大师们的精心烹调之下,都能变成美味佳肴。佛山人根据不同地方的特产与口味,创制了许多风格各异的美食菜点。佛山的柱侯食品,顺德的"凤城(大良)炒卖",声名远播。佛山的许多小吃,如佛山盲公饼、扎蹄、大良野鸡卷、炸牛奶、蹦沙、双皮奶、小凤饼、南海鱼生、大福饼、九江煎堆、三水狗仔鸭等,皆闻名遐迩。

7. 杭州

当人们谈杭州时,不能不想到西湖。杭州菜之所以能在浙系州菜中占有一席之地,也是与杭州菜菜名多半联系西湖名胜有关。如杭州菜中的西湖什锦宴,就是包含西湖十景的名胜菜肴,如苏堤春晓、曲院风荷、平湖秋月、断桥残雪、柳浪闻莺、花港观鱼、三潭印月、雷峰夕照、南屏晚钟、双峰插云等,食之会产生无限遐思。杭州菜以河鲜为主味,烹调精细,不守陈规,多富变化。烹制多以爆、炒、烩、炸为主,清鲜爽脆,入口软滑。许多菜肴的用料更多是直接取自杭州西湖,如西湖莼菜汤中的莼菜,不仅取自杭州,还取自西湖三潭印月,格外鲜嫩滑润,别有一番风味。

8. 南京

南京菜以选料严谨、制作精细、突出主料、玲珑细巧、色泽艳丽著称,并按时令季节不断翻新品种。其风味特点主要表现在口味醇和,咸淡适中,适应面广。菜肴讲究原汁原味,以鲜、香、酥、烂、嫩为主。其形硬而质软,汤浓而香醇,肥而不腻,淡而不薄。酥烂脱骨而不失其形,滑嫩爽脆而不失其味。南京的鸭肴是闻名全国的,除金陵烤鸭外,板鸭、盐水鸭、烧鸭、金陵酱鸭、香酥鸭、八宝珍珠鸭、咸鸭肫等也各具特色。南京著名的餐馆有:老正兴菜馆、马祥兴菜馆、绿柳居蔬菜馆、曲园酒家、大三元酒家,夫子庙的大石坝和湖南路的狮子桥为其著名的美食街。

项目四

核对商定日程

项目概述

　　旅游团抵达后,导游员应把旅行社有关部门已经安排好的活动日程与领队、全陪一起核对、商定,征求他们的意见。商定日程时对保证旅游团顺利运行的必要程序,导游员要给予特别的重视。

项目目标

1. 知识目标

　　了解核对日程的主要内容;了解修改日程的主要情形;了解调整日程的主要原因。

2. 技能目标

　　能与领队、全陪核对日程;能合理修改和调整日程。

3. 素质目标

　　培养善于沟通的职业素养;培养团队意识和敬业精神。

知识准备

　　《导游服务质量》要求:"旅游团(者)开始参观游览之前,导游员应与领队、全陪核对、商定本地活动的安排,并及时通知到每一位游客。"

　　旅游团在旅游地的参观内容一般都明确规定在旅游协议书上,而且在旅游团抵达前,旅行社有关部门已经安排好该团在当地的活动日程。但旅游团抵达后,导游员还是应与领队、全陪一起核对、商定日程,征求他们的意见。这样做,一则表明对领队、全陪和游客的尊重;二则游客也有权审核活动计划,并提出修改意见。同时,导游员也可以利用商谈机会了解游客的兴趣、要求。因此,核对、商定日程是做好接待工作的重要环节,也是地陪和领队、全陪之间合作的序曲。日程一经商定,须及时通知每一位游客,各方面都应遵守。

一、核对商定日程的时间、地点和对象

商定日程的时间应在旅游团抵达的当天,最好是在游览开始前进行。对一般观光旅游团,甚至可在首次沿途导游过程,在宣布本地游览节目时用最短的时间确定日程安排;也可在旅游团进入饭店,待一切安排完毕后再进行;对重点团、学术团、专业团、考察团,则应较慎重地在旅游团到达饭店后进行。商定日程的地点可因地制宜,一般在饭店的大堂。商谈日程的对象,可视旅游团的性质而定,对一般旅游团可与领队或全陪商谈,也可请团内有名望的人参加,如旅游团无领队,可与全团成员一起商谈;对重点团、专业团,除领队外,还应请团内有关负责人参加。

二、核对商定日程的原则

商谈日程时,必须遵循的原则是:宾客至上、服务至上,主随客便,合理可能,平等协商。日程安排既要符合大多数游客的意愿,又不宜对已定的日程安排做大的变动。

任务 1 核对日程

✳ 任务导入

2013 年 5 月 9 日 20:00,地陪张芸与全陪张云峰核对日程。

✳ 任务实施

1. 核对日程

① 核对计划是否一致:_____

② 每日具体日程:_____

③ 食宿安排:_____

④ 特殊活动的安排:_____

⑤ 自费活动的安排:_____

⑥ 离开本地的交通工具:_____

　　航班(车次):_____

　　时间:_____

> **导游小贴士**　　旅游团在某地的旅游日程,通常是由地接社制定的。因此在核对日程时,导游员应注意向领队或全陪征求对地接社制订的详细日程安排的意见。

任务2　修改日程

❋ 任务导入

全陪张云峰提出游客想在南京品尝一下当地的特色小吃,双方商定修改日程。

❋ 任务实施

1. 修改日程

① 全陪提出要求: _____

② 双方商定修改日程: _____

_____

③ 确定修改后的日程: _____

_____

④ 通知游客: _____

> **导游小贴士**
>
> 商定日程时,对可能出现的几种情况,导游员应采取相应的处理措施。
>
> 1. 领队或全陪提出小的修改意见或要求增加新的游览项目。
>
> (1) 不存在绕路问题且时间上有保证,同时又不产生新的费用,尽力予以安排;
>
> (2) 需要加收费用的项目,应事先向领队、全陪及游客讲明,按有关规定收取费用;
>
> (3) 对确有困难而无法满足的要求,要详细解释、耐心说服。

**导游
小贴士**

2. 领队或全陪提出的要求与原日程不符且涉及接待规格。

(1) 耐心解释,说明情况,指出其可能带来的不良后果;

(2) 婉言拒绝,并说明导游员不便单方面不执行合同;

(3) 如有特殊理由,应请示接团社的有关部门。

项目拓展

1. 地陪、全陪、领队各自手中的计划有出入,导游员应该怎么办?

_____

_____

_____

_____

2. 某旅游团17日早上到达K市,按计划上午参观景点,下午自由活动,晚上19:00观看文艺演出,次日乘早班机离开。抵达当天,适逢当地举行民族节庆活动,并有通宵篝火歌舞晚会等丰富多彩的文艺节目。部分团员提出,下午想去观赏民族节庆活动,并放弃观看晚上的文艺演出,同时希望导游员能派车接送。

针对此种情况,导游员应怎样处理? 应做好哪些工作?

_____

_____

_____

_____

导游资料库

旅游线路设计的基本原则

1. 以满足游客需求为中心的市场原则

旅游线路设计的关键是适应市场需求。具体而言就是它必须最大限度地满足游客的需求。由于游客来自不同的国家和地区,具有不同的身份以及不同的旅游目的,因而不同的游客群有不同的需求。总的来说分为:观光度假型、娱乐消遣型、文化知识型、商务会议型、探亲访友型、主题旅游型、修学旅游型、医疗保健型。旅游线路设计者应根据不同的游客需求设计出各具特色的线路,而不能千篇一律,缺少生机。

2. "人无我有,人有我特"的主题突出原则

由于人类求新求异的心理,单一的观光功能景区和游线难以吸引游客回头,即使是一些著名景区和游线,游客通常观点也是"不可不来,不可再来"。因此,在产品设计上应尽量突出自己的特色,唯此才能具有较大的旅游吸引力。

3. 生态效益原则

生态旅游是经济发展、社会进步、环境价值的综合体现,是以良好生态环境为基础,保护环境、陶冶情操的高雅社会经济活动。生态旅游是现代世界上非常流行的旅游方式,在国外尤其是美国、加拿大、澳大利亚以及很多欧洲国家已经发展得非常成熟。它所提倡的"认识自然,享受自然,保护自然"的旅游概念将会是新世纪旅游业的发展趋势。针对这样的旅游风尚,旅行社应设计有针对性的生态旅游线路。

4. "进得去、散得开、出得来"原则

一次完整的旅游活动,其空间移动分三个阶段:从常住地到旅游地、在旅游地各景区旅行游览、从旅游地返回常住地。这三个阶段可以概括为:进得去、散得开、出得来。没有通达的交通,就不能保证游客空间移动的顺利进行,会出现交通环节上的压客现象,即使是徒步旅游也离不开道路。因此在设计线路时,即使具有很大潜力,但目前不具备交通要求或交通条件不佳的景点,景区也应慎重考虑。否则因交通因素会导致游客途中颠簸,游速缓慢,影响游客的兴致与心境,不能充分实现时间价值。

5. 推陈出新原则

旅游市场在日新月异地发展,游客的需求与品位也在不断地变化、提高。为了满足游客追求新奇的心理,旅行社应及时把握旅游市场动态,注重新产品、新线路的开发与研究,并根据市场情况及时推出。一条好的新线路的推出,有时往往能为旅行社带来惊人的收入与效益。一些原有的旅游线路,也可能因为与时尚结合而一炮走红。

6. 旅行安排的顺序与节奏感原则

一条好的旅游线路就好比一首成功的交响乐,有时是激昂跌宕的旋律,有时是平缓的过渡,都应当有序幕、发展、高潮、尾声。在旅游线路的设计中,应充分考虑游客的心理与精力,将游客的心理、兴致与景观特色分布结合起来,注意高潮景点在线路上的分布与布局。旅游活动不能安排得太紧凑,应该有张有弛,而非走马观花,疲于奔波。旅游线路的结构顺序与节奏不同,产生的效果也不同。

以澳洲经典十日游的日程安排为例,一般在游客经过 10 小时的飞行之后,首先安排墨尔本市区观光,参观教堂、艺术中心等景点。这是因为游客旅途劳顿,并且环境生疏,故先安排以艺术之都著称的墨尔本市内景点游览。这样体力消耗较少,也便于熟悉环境。然后去被喻为"考拉之都"的布里斯班观赏澳洲特产的动物;在冲浪者天堂(Surfers Paradise)——黄金海岸,参加对游客极具吸引力的水上活动,如沙滩排球、游泳、冲浪等;以及到悉尼参观举世闻名的悉尼歌剧院,形成旅游三大高潮。作为尾声,则安排堪培拉市区观光,堪培拉以宁静的"大洋洲花园之都"著称。此时游客的情绪有所放松,几天紧张而兴奋旅游活动之后,体力和精神都得到调整,结束愉快的澳洲之旅。

模块二　参观游览服务

　　参观游览活动是旅行活动中最重要的部分，是导游服务的中心环节，也是游客购买旅游产品的核心内容。导游员应根据不同类型景观的特点，掌握参观游览环节中的各种讲解技巧和注意事项，并通过准备导游词将其运用到实际的导游服务中，向游客提供高质量的导游服务。

项目一

市容导游

项目概述

　　市容导游讲解是指导游员对游客所抵达或经过的城市、乡镇,进行的有关当地历史沿革、地理概况、经济、文化、民俗等方面的讲解,使游客对当地的基本情况有个初步的了解。

项目目标

1. 知识目标
掌握市容导游的概念和特点;掌握市容导游的基本内容。

2. 技能目标
能撰写市容导游讲解词;能对某一城市进行市容导游讲解。

3. 素质目标
培养良好的服务意识、团队意识和合作意识;培养耐心细致的工作作风。

知识准备

　　城市是旅游目的地的代表和象征,但是在旅游的过程中,由于行程安排较为紧张,游客往往没有太多的时间了解城市、游览市容。因此,导游员要利用各种机会,尽可能多地向游客介绍旅游目的地城市。在长途旅行时每经过一地,导游员应该向游客讲解当地的风景名胜、文化古迹和民俗风情,使游客虽然不能一一游览,也能对其有所了解。短途旅行时,从接站地点到市区,从下榻饭店到景区,导游员应该熟知沿途情况,做到见什么讲什么,使初来乍到的游客增加兴趣。

一、市容导游讲解的内容

市容导游讲解主要是以旅游地的市容特色、历史沿革以及社会经济和文化等组织讲解的内容。

1. 市容特色和历史沿革

每座城市都有其独特的地理位置和气候特征,以及特有的发展过程,形成了区别于其他城市的独特个性,因此形成了其特色。市容特色是吸引游客前来游玩的重要因素。因此,导游员在讲解中要对城市众多元素进行提炼和筛选,抓住特色,尽情渲染,以给游客留下深刻的印象。

市容特色介绍的内容包括:① 标志性的建筑物,如大型商场、星级酒店、知名大学、具有纪念意义的广场等;② 沿途经过的旅游景点,如公园、博物馆、历史纪念馆等;③ 其他内容,如当地的特色商户、道路两旁具有一定观赏价值的花草树木等。

历史沿革介绍的内容包括:① 旅游目的地的地理概况;② 旅游目的地的创建成因及发展历程;③ 旅游目的地的著名历史事件和与名人的因缘;④ 旅游目的地遗留下来的自然和人文旅游资源。

2. 经济文化概述

经济是城市的命脉,文化是城市的灵魂。经济和文化能反映出一个城市现在的状态和当地居民的精神风貌。经济文化介绍的内容可以包括当地的面积、人口、支柱产业、总体经济实力、传统产品、交通条件、居民生活水平、城镇建设、对外贸易、风物特产等。

二、市容导游讲解的注意事项

1. 指示景物要准确

由于游客身处的旅游车在不断的行进中,因此,导游员应该熟悉路线,掌握途中景物的分布情况,景物的选择要有代表性和独特性。在市容讲解时要尽量做到翔实而准确地指明沿途的景物,指示时一定要提前提醒游客即将看到的沿途景物的具体方位。

2. 讲解重点要明确

市容导游的内容要确定,重点要明确,重视优势和特点的讲解,适当掩饰缺陷。同时,在不同的行进路段、不同的游览线路讲解重点应有所差异。

3. 注意点、线、面的结合

市容讲解时,旅游车行进路线是线状的,周围的景物分布是点状的,而讲解时又是在面上的,因此,导游员在为游客提供市容讲解时,要注意点、线、面的有机结合,根据游客的状态、车行速度、沿途景物的变化等实际情况组织讲解内容。

4. 注意调整游客情绪

在旅途中游客极易疲劳,在途中讲解时,导游员要及时调整讲解内容,准备一些游戏、笑话等调节气氛。必要时,可让游客适当休息。

任务 1　市容导游

✳ 任务导入

2013 年 5 月 12 日早上 8 时,旅游团全体成员用完早餐,集合上车,从酒店前往苏州虎丘风景区,地陪张芸在旅游巴士上为游客进行苏州市容导游讲解。

✳ 任务实施

1. 问候

_____

_____

2. 历史沿革情况

① 地理位置:_____

_____

② 地形:_____

_____

③ 气候条件:_____

_____

④ 历史沿革:_____

_____

⑤ 名称由来:_____

_____

⑥ 历史文化名人介绍:_____

⑦ 旅游资源介绍：_____

3. 经济文化概述

① 面积：_____

② 人口：_____

③ 支柱产业：_____

④ 经济水平：_____

⑤ 交通状况：_____

⑥ 风物特产：_____

4. 城市特色的总结

_____

_____

导游员带领游客进行市容导游时旅游车在不断行进，可结合沿途景物的变化等实际情况组织讲解内容，介绍的内容应恰到好处，并有一定的灵活性，介绍内容应与游客的观赏同步。导游员在介绍沿途风光时，应提前提示游客即将看到的沿途景物的具体方位。导游员在使用方位用语和说明指示物时，应以游客的方位为参照，如"在你们（大家）的左边……"而不是"在我的右边……"，当游客把视线投向导游所指的景物时，景物正好落在游客的视线内。

导游小贴士

项目拓展

1. 一般来说,市容导游可以在哪些时候进行?

　　_____

　　_____

　　_____

　　_____

2. 搜集资料,写出华东线主要旅游城市的市容导游词,并练习讲解。

　　_____

　　_____

　　_____

　　_____

导游资料库

中国城市分类标准

　　联合国将 2 万人作为定义城市的人口下限,10 万人作为划定大城市的下限,100 万人作为划定特大城市的下限。经常看到有所谓的一级城市,地级城市之类的划分,是以怎么样的依据划分的? 总共分多少级别?

　　第一级　直辖市、特别行政区、GDP 大于 1600 亿且市区人口大于 200 万的城市(18 个):北京、天津、沈阳、大连、哈尔滨、济南、青岛、南京、上海、杭州、武汉、广州、深圳、香港、澳门、重庆、成都、西安。

　　第二级　其他副省级城市、经济特区城市、省会、苏锡二市(25 个):石家庄、长春、呼和浩特、太原、郑州、合肥、无锡、苏州、宁波、福州、厦门、南昌、长沙、汕头、珠海、海口、三亚、南宁、贵阳、昆明、拉萨、兰州、西宁、银川、乌鲁木齐。

第三级　经济发达且收入高的沿海开放城市(24个)：唐山、秦皇岛、淄博、烟台、威海、徐州、连云港、南通、镇江、常州、嘉兴、金华、绍兴、台州、温州、泉州、东莞、惠州、佛山、中山、江门、湛江、北海、桂林。

第四级　其他人口大于100万的重点经济城市(18个)：邯郸、鞍山、抚顺、吉林市、齐齐哈尔、大庆、包头、大同、洛阳、潍坊、芜湖、扬州、湖州、舟山、漳州、株洲、潮州、柳州。

第五级　其他人口大于50万的著名经济城市、重要交通枢纽城市、重点旅游城市(23个)：承德、保定、丹东、开封、安阳、泰安、日照、蚌埠、黄山、泰州、莆田、南平、九江、宜昌、襄樊、岳阳、肇庆、乐山、绵阳、丽江、延安、咸阳、宝鸡。

以上城市共有108个，这些城市是中国的"108好汉"，其他城市均为第六级。

2012年江苏省各城市GDP排名

2012年，江苏经济总量达到54058.22亿，全省人均GDP 68436.79元，高于全国平均水平，从各地级市来看，长三角城市GDP领先，苏州、无锡和南京GDP位列前三；从人均GDP来看，无锡、苏州、南京、镇江、常州、扬州均超过1万美元，GDP和人均GDP最低的为苏北的宿迁。13个地级市2012年GDP总量排名依次为苏州、无锡、南京、南通、徐州、常州、盐城、扬州、泰州、镇江、淮安、连云港、宿迁。2012年人均GDP排名依次为：无锡、苏州、南京、镇江、常州、扬州、南通、泰州、徐州、盐城、淮安、连云港、宿迁。

项目二

自然景观导游

项目概述

　　自然景观是指一切具有美学和科学价值并具有旅游吸引功能和游览观赏价值的自然旅游资源所构成的自然风光景象。自然景观是旅游活动的主要依托形式,自然景观中的山岳、水体、生物等资源具有独特魅力,深受游客的普遍欢迎。因此,导游员在讲解自然景观时,应全面提升知识水平,掌握引导游客观景赏美的技巧和方法。

项目目标

1. 知识目标
掌握自然景观讲解的主要内容和方法。

2. 技能目标
能针对游客的个性要求,为游客提供自然景观讲解服务。

3. 素质目标
培养良好的服务意识、团队意识和合作意识;培养耐心细致的工作作风。

知识准备

一、山岳景观导游

　　山岳,是指高度较大,坡度较陡的高地,一般海拔 500 米以上,相对高度在 200 米以上,且明显地由山顶、山坡和山麓组成的隆起高地。

1. 山岳景观类型

（1）花岗岩山

花岗岩山由于节理风化、崩塌等外力作用,常形成峭壁悬崖、孤峰擎天、石柱林立等奇特景观,令人叹为观止。我国的泰山、黄山、华山、衡山、九华山、天台山等,几乎都由花岗岩组成。

（2）喀斯特山

喀斯特又称岩溶地貌,主要发育在碳酸岩石地区,山地高度不大,石峰林立,造型丰富。景区内溶洞遍布,洞内常有地下湖或地下暗河以及石灰岩溶解沉淀而形成的石钟乳、石笋、石柱、石花等千姿百态的洞穴奇观。喀斯特山主要分布在我国的广西和云贵高原。

（3）丹霞山

丹霞山是在红色砂岩地区发育而成的,丹山碧水、精巧玲珑。目前,我国已发现的丹霞地貌有350多处。仁化丹霞山是我国典型的丹霞风景区。

（4）流纹岩山地

流纹岩山地属于岩浆岩中的喷出岩,火山喷发出来的岩浆、火山灰等在流动冷却过程中,形成流纹状构造。在岩体节理和裂隙特别发育的部位,易形成奇峰异洞、峭壁幽谷等丰富奇特的造型地貌。著名的火山流纹岩山地景观有浙江雁荡山（图2-1）。

图2-1 浙江雁荡山

（5）玄武岩山地

玄武岩山地以黑龙江五大连池为代表,历史上多次喷发,岩浆喷发的场面跃然如初,被誉为"火山地貌博物馆"。

（6）砂岩山地

以张家界（图2-2）为代表的武陵源风景区,形成独特的砂岩峰林地貌,奇峰林立、造型生动、沟谷纵横、植被繁茂。

（7）历史文化名山

历史文化名山是指因文化景观或历史遗迹众多而形成的名山。此类名山特

图2-2 湖南张家界

点突出,具有特定的历史价值、文化价值、宗教价值等,如以寺观为中心形成的佛教、道教名山等。这些山地自然风光优美,加之建筑景观宏伟,历史文物和宗教文物众多,形成了具有浓厚宗教文化氛围的游览胜地。

2. 山岳景观的导游讲解

山岳是以自然奇观为主体吸引物的山体,导游在实际讲解过程中可根据游客的游览情趣,选择从不同的角度进行导游讲解。

（1）从地质角度导游讲解

从地质角度进行讲解要求导游员全面了解所游览山岳的地址、地貌基础知识,且导游讲解需要带有一定的科普性。导游员在讲解中要注意因人、因时、因地、因景而异,灵活运用导游方法,相关科学常识要取舍得当。

（2）按山地景观在旅游业中所起的作用导游讲解

根据不同山地景观资源的旅游功能,突出重点,灵活运用导游方法。导游员在讲解中要突出所游览山岳的景观特色,可运用比拟手法,以游为主,注重娱乐和休闲。

（3）从文化的角度导游讲解

游览中国名山离不开文化。中国名山所承载的文化内容齐全,类型多样,主要包括中华传统历史文化、宗教文化、文学艺术等。其表现形式有:传说故事、名人行迹、碑碣艺术、摩崖石刻、诗词歌赋、建筑书法、寺观庙堂等。导游员在讲解时要突出其文化特色,注意灵活运用借景生情和虚实结合法,向游客生动展示不同的山岳所承载的文化内涵。

二、水体景观导游

1. 水体景观类型

（1）海洋

根据海洋所处的地理位置及其水文特征的不同,海洋可以分为洋、海、海湾和海峡。

（2）湖泊

湖泊是陆地上洼地积水形成的、水域比较宽广、缓慢流动或不流动的水体。

（3）江河

河流是陆地表面上经常或间歇有水流动的线形天然水道。具有旅游意义的江河景观,可归纳为景色优美的江河景观和漂流探险的江河景观两类。江河漂流探险是近几年逐步兴起的一种旅游形式,它以全程参与、有惊无险、野趣无穷的魅力,吸引着越来越多的游客。

（4）瀑布

瀑布在地质学上叫跌水,即河水在流经断层、凹陷等地区时垂直地跌落。它是自然山水结合的产物,具有形、声以及动态的景观特点。瀑布的大小、气势主要取决于地势落差和水量。瀑布的最大特点是山水完美结合、融为一体,具体表现为瀑布的形态、生态和色态。我国三大瀑布风景区是黄果树瀑布风景区、壶口瀑布风景区和吊水楼瀑布风景区。

（5）泉水

泉是地下水的天然露头,是地下含水层或含水通道呈点状出露地表的地下水的涌出现象,为地下水的集中排泄形式。泉水的分类标准很多,按泉水温度可分为冷水泉和温泉;按泉水的功能可分为观赏泉、品茗泉和沐浴泉。

2. 水体景观的导游讲解

水是构景的基本要素,在构景中具有形、影、声、色、光、味、奇等形象生动的特点。导游员如能正确掌握这些特点,把自然美和人文美有机地结合起来,将这些美感特征介绍给游客,定能提高游客兴致、使其进入情景交融的境界。

（1）形态美

海洋、江河、流泉、瀑布一般以动态为主,湖泊则以静态为主,但也有受到地形和季节的影响呈现动中有静、静中有动的特点。因此,在导游江河湖海时形态美的讲解能对游客产生很强的吸引功能。

（2）倒影美

水是无色的透明体,在光线的作用下,万物倒入皆成影。山石树木,蓝天白云,飞禽走兽,乃至人的活动都会在水中形成倒影,从而形成水上水下,岸边桥头,实物虚影的相互辉映,构成奇趣无穷的画面。

（3）声音美

水体运动所发出的各种声音,给游客造就了特定的情与境,声音能让游客在旅游过程中享受乐趣,如泉水的叮咚声、溪流的潺潺声、瀑布的轰鸣声、海啸的雷鸣声等,清浊徐疾,各有节奏。

（4）色彩美

水本无色,但透入水中的光线,通过水分子的选择吸收和散射,则会出现不同的颜色,给人以色彩美的享受。如渤海、黄海呈黄色,东海呈蓝色,南海呈深蓝色,黄河呈黄色,黑龙江呈黑褐色,鸭绿江呈鸭绿色,九寨沟的五彩池、五花海和火花海等呈现出多种色彩。

（5）光泽美

水体自身的运动,在光线的作用下,能产生美妙无比的光学现象,令人赏心悦目。

（6）水味美

水本是无色、无味、无臭的液体,有些未被污染的江河湖泊水质清冽甘甜,还含有丰富的微量元素,如青岛崂山矿泉水、杭州虎跑泉水、济南的趵突泉水等均为甘甜醇厚的泉水,成为酿酒、泡茶和饮料加工的理想水源。

（7）奇特美

水体的最后一个造景功能是奇特美,这是自然界的一些奇特现象造成的。如安徽寿县的“喊泉”,其涌泉量与人声音大小成正比;四川广元的“含羞泉”,一遇震动,泉水便似害羞的姑娘,悄然隐去,待安静后泉水复出。还有的水体,含有丰富的矿物质,具有可饮、可浴、可看、可赏的作用,如庐山温泉、五大连池药泉等,成为我国著名的矿泉理疗康复旅游区。

三、生物景观导游

生物是指自然界有生命的物质,由植物、动物和微生物组成。其中肉眼能看到的不少动植物的美学特征具有较强的旅游吸引力,形成独具特色的生物旅游资源。这些生物旅游资源普遍存在于各种旅游景区之中,因此,它们是导游员带领游客游览观赏并进行导游讲解的主要对象之一。

1. 动物景观导游

动物是自然界的构景要素,其中珍稀动物更是一种引人注目的旅游资源。中国是全球生物多样性最为丰富的国家之一,拥有不少珍禽异兽。大熊猫、金丝猴、白鳍豚和白唇鹿是我国四大国宝动物。

（1）突出奇特性

奇特性是指动物在形态、生态、习性、繁殖、迁徙、活动等方面的奇异性与逗乐性。动物能做种种有趣的表演,因而对游客的吸引力大大超过了植物。

（2）突出珍稀性

世界上很多动物都是特有的、稀少的,甚至是濒临灭绝的。这些动物往往成为游客关注的对象,构成旅游吸引力的重要因素。

（3）突出药用性

有些动物全身是宝,是著名的中药材,如虎骨、驴皮、鹿茸等。在介绍动物的药用功效时,导游员必须介绍我国野生动物保护的相关法规,提醒游客自觉保护动物。

（4）突出表演性

在人工饲养和驯化的条件下，某些动物会模仿人类的动作或在驯养员的指挥下做一些技艺表演。

（5）突出宗教和寓意性

在不同国家和不同民族地区，由于宗教的原因，人们把某些动物奉为神灵。如印度人对猴子和牛的崇拜，泰国人对大象的崇拜等。

（6）突出安全性

无论在野外还是动物园，无论是看到人工饲养的动物还是真正的野生动物，由于动物本身的特性，导游员都要提醒游客与动物保持一定的距离，一方面是为了保护游客，另一方面也是为了保护动物。

2. 植物景观导游

植物种类繁多，其生长受气候和土壤等因素影响，分布具有明显的地带性。中国是世界上植物资源最丰富的国家之一，仅次于马来西亚和巴西，居世界第三位。我国还保存着一些古来和稀有的植物物种，如水杉、银杉、珙桐、银杏等被称为"化石植物"。

（1）突出形态

大自然的花草树木，高低不同，大小不一，千姿百态，风格迥异。银杏、水杉等乔木可以长到几十米，有些草木却只有几厘米高。植物丰富的形态，给了游客更多的审美感受。树叶、花形和果实也是多姿多彩，令人目不暇接，美不胜收。

（2）突出色彩

花草树木以其多样的色彩，给人以愉悦的感觉。所谓姹紫嫣红，就是对植物的色彩描绘。绿色，是植物最基本、最普遍的色彩，绿色已经成了生命和青春的象征，但并非所有植物的叶子都是绿色的。另外，随着季节的变化，很多植物的叶子也会随之发生变化。

（3）突出香味

植物的茎、叶、花、果，不仅装饰了自然景观，有的还散发出沁人心脾的芳香，给人以无限欢快的嗅觉美，从而调节情绪，益于身心。某些植物的特异芳香，不仅使人精神振奋，还诱使人们亲自去体验。植物的芳香气味给人带来了极大的审美享受。

（4）突出性能

植物除了具有审美价值之外，还同时具有实用价值。许多植物具有药用价值，成为中国博大精深的中草药的主要来源；有的具有经济价值，可用来制作各种生活用品及工艺品;有的还具有食用价值,成为人们餐桌上的美味佳肴。但有些植物的这些功能较为明显,有些却不为常人所知。因此,更需要导游在讲解中介绍给游客。导游员在讲解中,应突出植物的性能,同时还包括对植物的生长环境的介绍,包括其对温度、气候、土壤条件各方面的要求和分布特点。

（5）突出寓意

有些植物富有深刻的寓意,易使人获得稳定而丰富的意境和多种美感。我国人民自古有通过植物来寄托自己感情和理想的民族特性。如松、竹、梅被誉为"岁寒三友",梅、兰、竹、菊并称"花中四君子"。

任务1　山岳景观讲解

✳ 任务导入

　　5月10日上午9点,地陪导游张芸带领旅游团游客前往南京紫金山(图2-3)参观游览,张芸为游客讲解南京紫金山。

图2-3　南京紫金山

✳ 任务实施

　　1. 介绍紫金山概况

　　① 方位、规模等基本信息:_____

_____

　　② 名称由来:_____

_____

　　③ 开发历史:_____

_____

2. 紫金山地质构造分析

_____

_____

_____

导游小贴士 　　导游员带领游客参观山岳景观时应对山岳的地质构造进行讲解和分析,但一定要注意根据游客的文化背景和兴趣点选择合适的方法进行讲解。语言要通俗易懂,生动活泼,不能过于死板和书面化。

3. 紫金山山体形态欣赏

_____

_____

_____

导游小贴士 　　自然界的山岳因地理位置、岩石特性、外力作用、植被状况等原因而呈现出不同的山体形态,因而具有极高的审美价值。中国的很多名山都有各自的形态特征,如华山以险著称,泰山以雄闻名,衡山以秀著名。

4. 紫金山人文内涵讲解

_____

_____

_____

任务2 水体景观讲解

❋ 任务导入

2013 年 5 月 10 日下午 15：00，地陪张芸带领旅游团参观南京玄武湖（图 2-4），并进行导游讲解。

图 2-4 南京玄武湖

❋ 任务实施

1．讲解玄武湖概况

① 地理位置、规模等基本信息：＿＿＿＿＿＿＿＿＿＿＿＿＿＿＿＿＿

＿＿＿＿＿＿＿＿＿＿＿＿＿＿＿＿＿＿＿＿＿＿＿＿＿＿＿＿＿＿＿＿

② 成因介绍：＿＿＿＿＿＿＿＿＿＿＿＿＿＿＿＿＿＿＿＿＿＿＿＿＿＿

＿＿＿＿＿＿＿＿＿＿＿＿＿＿＿＿＿＿＿＿＿＿＿＿＿＿＿＿＿＿＿＿

③ 名称的沿革：＿＿＿＿＿＿＿＿＿＿＿＿＿＿＿＿＿＿＿＿＿＿＿＿

＿＿＿＿＿＿＿＿＿＿＿＿＿＿＿＿＿＿＿＿＿＿＿＿＿＿＿＿＿＿＿＿

导游小贴士

　　玄武湖位于南京市玄武门外,是燕山造山运动形成的构造湖,古名桑泊湖,后因位于钟山之阴,又称后湖。北宋文学家欧阳修将玄武湖与西湖相媲美,写诗赞美"钱塘莫美于西湖,金陵莫美于后湖"。南唐后主李煜被软禁在玄武湖的樱洲时写下寄托对故国的无限怀念和哀愁的千古绝唱《虞美人》。

2. 玄武湖主要景点讲解

① 环洲:＿＿＿＿＿＿＿＿＿＿＿＿＿＿＿＿＿＿＿＿＿＿＿＿

② 樱洲:＿＿＿＿＿＿＿＿＿＿＿＿＿＿＿＿＿＿＿＿＿＿＿＿

③ 梁洲:＿＿＿＿＿＿＿＿＿＿＿＿＿＿＿＿＿＿＿＿＿＿＿＿

④ 翠洲:＿＿＿＿＿＿＿＿＿＿＿＿＿＿＿＿＿＿＿＿＿＿＿＿

⑤ 菱洲:＿＿＿＿＿＿＿＿＿＿＿＿＿＿＿＿＿＿＿＿＿＿＿＿

导游小贴士

　　玄武湖的景观各具特色,主要有"环洲烟柳"、"樱洲花海"、"梁洲秋菊"、"翠洲云树"、"菱洲山岚"。环洲,旧名长洲,因像一条翠绿的玉带环绕樱洲,故名环洲。樱洲以遍植樱花而得名。梁洲,旧名旧洲,因梁武帝儿子昭明太子萧统在此建读书台而得名,南京在此举办一年一度的菊展。翠洲,因风光幽静,长堤卧波,绿带缭绕而别具一格。菱洲,东濒钟山,能欣赏多姿多彩的云霞。

3. 玄武湖公园的娱乐设施介绍

＿＿＿＿＿＿＿＿＿＿＿＿＿＿＿＿＿＿＿＿＿＿＿＿＿＿＿＿

＿＿＿＿＿＿＿＿＿＿＿＿＿＿＿＿＿＿＿＿＿＿＿＿＿＿＿＿

＿＿＿＿＿＿＿＿＿＿＿＿＿＿＿＿＿＿＿＿＿＿＿＿＿＿＿＿

＿＿＿＿＿＿＿＿＿＿＿＿＿＿＿＿＿＿＿＿＿＿＿＿＿＿＿＿

任务3 生物景观讲解

✳ 任务导入

　　2013年5月11日上午10点,地陪张芸带领游客来到无锡鼋头渚中日樱花友谊林(图2-5)参观,并为游客进行讲解。

图2-5　无锡鼋头渚中日樱花友谊林

✳ 任务实施

1. 中日樱花友谊林的由来介绍

_____

_____

2. 樱花的种类介绍

_____

_____

导游
小贴士　　　　　　樱花一般是指蔷薇科梅属(Prunus)中樱桃亚属和少数桂樱亚属植物。全球共有 100 余种,分布在亚洲、欧洲和北美的温暖地带,我国有 45 种左右,主要分布在西部和西南地区。全球有 50 多个野生樱花品种,中国占 38 个。

3. 樱花的形态赏析

_____

_____

_____

4. 樱花的寓意介绍

_____

_____

导游
小贴士　　　　　　每年春天,无锡鼋头渚都会举办樱花节。2012 年,国内首个樱花邮局落户无锡鼋头渚风景区,樱花邮局免费提供现场加盖特色纪念戳服务,通过樱花邮局寄递个性明信片或信件,与亲朋好友一同分享鼋头渚樱花节的美,留下一份美好的回忆。

项目拓展

1. 参观镇江市南山农业科技示范观光园基地,教师引导,学生记录资料,创作一篇书面导游词,并实地讲解。

_____

_____

_____

_____

_____

2. 查阅资料,准备一篇全国道教名山——镇江茅山的概况导游词(时间在 10 分钟左右)。

_____

_____

_____

_____

_____

导游资料库

中国十大名山

1. **珠穆朗玛峰**

举世闻名的世界第一高峰,海拔 8848 米,是登山探险和科学考察旅游的理想场所,晶莹的冰峰、瑰丽的冰川等地貌奇观,以壮丽之美夺人心魄。1989 年建立国家级自然保护区,是中国海拔最高的自然保护区,区内有原始森林,植物和野生动物多样,其中属于国家一级保护的动物有长尾叶猴、西藏野驴、塔尔羊、金钱豹、雪豹等 10 多种,雪豹是珠穆朗玛自然保护区的标志动物。

2. **泰山**

泰山雄踞于山东省中部,主峰海拔 1545 米,以通天拔地之势被列为“五岳之首”,被誉为“五岳独尊”。以历代帝王封禅祭祀活动为主要线索,山神崇拜与帝王封禅祭祀、群众性的宗教活动、文人墨客的游览观赏以及科学研究等内容的发生、发展及其相互转化和影响,形成了泰山极为丰富的历史文化内容,成为中华民族历史文化的缩影和精神文化之山,成为世界上不可多得的自然和文化遗产。

3. **庐山**

庐山位于江西省九江市之南,是驰名中外的游览避暑胜地。主峰海拔 1474 米,紧傍烟波浩渺的鄱阳湖,雄峙滚滚东去的长江边。庐山的奇峰峻岭,怪石异洞,深峡幽谷,飞瀑流泉,古树名木,与雄浑长江、碧波鄱阳湖浑然一体,组合成一幅瑰丽多姿的自然图景。

4. 黄山

黄山是世界自然遗产,全国著名的山岳风景区,位于安徽省南部,古称"三天子都",意思是黄山的三大主峰(莲花峰、光明顶、天都峰)是天上神仙的都会。又因有轩辕黄帝曾在此炼丹修道之说,唐玄宗于天宝六年(公元747年)敕名"黄山"。徐霞客盛赞黄山之美,"五岳归来不看山,黄山归来不看岳。"黄山有"天下第一奇山"之称,由"奇松、怪石、云海、温泉"四绝构成了黄山自然景观的基本要素。

5. 峨眉山

峨眉山是世界自然与文化遗产,中外驰名的国家级风景名胜区。位于四川成都西南约160千米处。因山势逶迤、"如螓首蛾眉,细而长,美而艳"而得名。峨眉山自然和文化遗产极其丰富,素有天然"植物王国"、"动物乐园"、"地质博物馆"、"佛国天堂"之称,并有"峨眉天下秀"之赞誉,是观光游览、朝圣礼佛、科学考察的胜地。

6. 长白山

长白山是辽、吉、黑三省东部和中朝边境东北部山地的总称。这里自然环境和生态保存完整,为国家重点自然保护区,并纳入联合国"人与生物圈"保护区网。主峰白头山周围多火山遗迹,长白山天池为著名的火山湖,兼有瀑布。长白山神奇古朴的自然风光,主要由火山地貌景观和高山垂直景观带构成。多次火山喷发,形成了长白山极为壮观的风貌。

7. 华山

西岳华山位于西安市东120千米处的华阴县城南,海拔约2160米,以险著称,素称"天下奇险第一山"。其主峰落雁、朝阳、莲花,顶天而立,与玉女、五云、云台等峰互为映衬,峰层叠翠状如花朵。华山景区内名胜很多,自山麓至绝顶,庙宇古迹,天然奇景,处处可见。

8. 武夷山

绵亘于江西、福建两省边境的武夷山脉,峰峦叠翠,奇秀多姿。武夷山为低山丘陵地带,由红色砾岩组成,主峰黄岗山海拔2158米。旅游点有九曲溪、溪南、水帘洞、碧石岩、桃源洞、三仰峰、武夷宫,水光山色,相映成趣。武夷山素有"奇秀甲于东南"之誉,而且还是一个道教圣地。

9. 五台山

五台山位于山西省五台县境内,周围250千米。五峰高耸,峰顶平坦如台,故称五台。最高峰北台海拔3058米,为华北最高峰。五台山是"文殊菩萨"的道场,是中国四大佛教名山之一。早在东汉就建有寺院,最盛时有200余寺,今存40余座。其中的南禅寺东西配殿和大殿及佛光寺东大殿是我国现存最早的两座木结构建筑,被国内外建筑界称为"千年瑰宝"。

10. 玉山

玉山山脉在台湾省中东部地区,主峰玉山海拔3997米,为台湾第一高峰,亦为中国东部地区最高的山峰。因为山势高峻,加上河流流程短,落差大,故在山区形成不少瀑布,以南投县内的瀑布最多。地处亚热带气候区,夏季长、秋季短,全年雨量充沛,植被茂盛,带状分布明显,自然环境优美,森林、瀑布、彩云成为三大奇观,周围有阿里山等风景名胜区。这里既有高山峡谷、温泉瀑布相间分布,又有文化遗址、名胜古迹等人文景观,是休闲旅游的理想之地。

中国的淡水湖①

淡水湖是指矿化度不足1克/升的湖泊,我国的淡水湖主要分布在长江中下游平原、淮河中下游和山东南部,鄱阳湖、洞庭湖、太湖、洪泽湖和巢湖是中国五大淡水湖。鄱阳湖位于江西省,面积3960平方公里,是我国第一大淡水湖。洞庭湖位于湖南省,面积2740平方公里,是我国第二大淡水湖。太湖位于江苏省,面积2338平方公里,是我国第三大淡水湖。洪泽湖位于江苏省,面积2069平方公里。巢湖位于安徽省,面积753平方公里。

中国的十大名花②

一是花中之王——牡丹;二是花中皇后——月季;三是花中隐士——菊花;四是雪中高士——梅花;五是空中佳人——兰花;六是凌波仙子——水仙;七是花中妃子——山茶;八是花中西施——杜鹃;九是九里飘香——桂花;十是花中君子——莲花。

①② 高曾伟,卢晓:《旅游资源学》,上海交通大学出版社,2010年,第54页。

项目三

人文景观导游

项目概述

　　人文景观是人类生产、生活活动的艺术成就和文化的结晶,反映了人类的生活方式、价值体系和审美观念。因此,导游员在人文景观的讲解中,除了对其外在形象进行讲解外,更重要的是对其文化内涵、历史价值等内在因素进行准确而深刻的讲解。本项目主要是以古建筑导游、宗教建筑导游和园林导游为例进行介绍。

项目目标

1. 知识目标
掌握人文景观讲解的主要内容和方法。
2. 技能目标
能针对游客的个性要求,为游客提供人文景观讲解服务。
3. 素质目标
培养良好的服务意识、团队意识和合作意识;培养耐心细致的工作作风。

知识准备

一、中国古建筑导游

　　中国古建筑是中华民族灿烂文化的重要组成部分,是中国文化的有效载体,是中国古代各个时代文明程度的标志。其发展非常充分成熟,数量繁多,种类齐全。游客无论走到中国的哪座城市,都能见到中国古建筑的身影。在中国旅游离不开古建筑的游览,因此对于导游来说,把中国古建筑介绍给游客是十分必要的。

1. 我国古建筑的造型和基本构件

我国古建筑以木结构建筑为主体。

(1) 台基

台基也称基座,是高出地面的建筑物底座,用以承托建筑物,并使其防潮、防腐,同时可弥补中国古建筑单体建筑不甚高大雄伟的欠缺。台基大致有三种:普通台基(图2-6)、高级台基和最高级台基(须弥座)(图2-7)。

图2-6　普通台基

图2-7　须弥座台基

(2) 立柱

常用松木或桶木制成的圆柱形木头称为立柱,置于石头(有时是铜器)为底的台上。多根木头圆柱,用于支撑屋面檩条,形成梁架。

(3) 开间

四根木头圆柱围成的空间称为"间"。建筑的迎面间数称为开间,或称面阔;建筑的纵深间数称为进深。中国古代以奇数为吉祥数字,因此平面组合中绝大多数的开间为单数;并且开间越多,等级越高。北京故宫太和殿,北京太庙大殿开间为11间。

(4) 大梁

大梁,也称横梁,是架于木头圆柱上的一根最主要的木头,以形成屋脊,常用松木、榆木或杉木制成,是中国传统木结构建筑中骨架的主件之一。

(5) 斗拱

斗拱是中国古代建筑独特的支撑构件。从立柱顶探出的弓形肘木叫做拱,拱与拱之间的方形垫木块叫做斗,斜置长木叫做昂,总称斗拱。一般置于柱顶和额枋(又称阑头,位于两柱之间起连接和支撑作用)、屋檐构架之间,用来支撑荷载梁架、挑出屋檐,兼具装饰作用。斗拱由方形垫木、弓形肘木、斜置长木组成,纵横交错层叠,逐层叠加,向外挑出,形成上大下小的支撑托架。

(6)彩画

彩画原是为木结构防潮、防腐、防蛀之用,后来才突出其装饰性,宋代以后彩画已成为宫殿不可缺少的装饰艺术。彩画可分为三个等级,由高到低依次为:和玺彩画、旋子彩画和苏式彩画。

(7)屋顶

中国传统屋顶有庑殿顶、歇山顶、悬山顶、硬山顶、攒尖顶、卷棚顶等(图2-8),其中以重檐庑殿顶、重檐歇山顶级别为最高,其次为单檐庑殿、单檐歇山顶。如镇江金山大雄宝殿是重檐歇山顶。

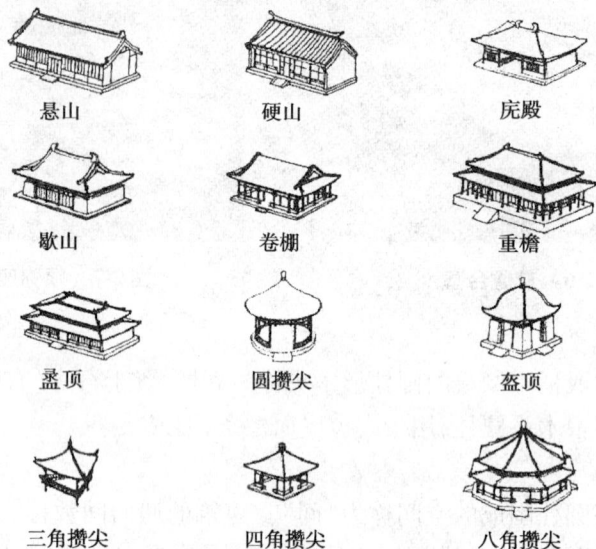

悬山　　　　　　硬山　　　　　　庑殿

歇山　　　　　　卷棚　　　　　　重檐

盝顶　　　　　　圆攒尖　　　　　盔顶

三角攒尖　　　　四角攒尖　　　　八角攒尖

图2-8　古建筑屋顶简图

(8)山墙

山墙即房子两侧上部成山尖形的墙面。常见的山墙还有风火山墙,其特点是两侧山墙高出屋面,随屋顶的斜坡面呈阶梯形。

(9)藻井

中国传统建筑中天花板上的一种装饰,名为"藻井",含有五行以水克火,预防火灾之义。藻井一般都在寺庙佛座或宫殿的宝座上方,是平顶的凹进部分,有方格形、六角形、八角形或圆形,上有雕刻或彩绘,常见的有"双龙戏珠"。

2. 中国古建筑的分类

(1)宫殿

宫殿是帝王朝会和居住的地方,规模宏大、形象壮丽、格局严谨,给人强烈的精神感染,凸显王权的尊严。中国建筑成就最高、规模最大的就是宫殿。我们今天所能看到的,保存完好的宫殿主要是北京的故宫和沈阳的清故宫。

(2)坛庙

坛指天坛、地坛等;庙指祖庙、诸神庙等。中国古代的传统文化思想包含着浓重的对祖先的崇敬,对土地、粮食、天地、日月的感恩,对各种文神、武神以及其他神的崇拜。为了寄托这种崇敬和感恩的心情,就产生了许多坛庙建筑。著名的坛庙有北京的太庙、天坛、地坛等(图2-9)。

图2-9 北京天坛

(3)陵墓

在古代中国,人们基于人死而灵魂不灭的观念,普遍重视丧葬,由此形成了严苛繁冗的丧葬礼仪和宏丽的陵墓建筑。在漫长的历史进程中,陵墓建筑得到了长足的发展,产生了庞大的帝后墓群,反映了当时社会的经济状况、科技水平和营造工艺水平,是中国丧葬的最高表现形式和建筑典范。中国帝后陵墓的演变,呈现出形式多样的特点,且珍藏着珍贵的历史文物,因此成为举世闻名的旅游胜地。

当今世界上保存最为完整、埋葬皇帝最多的古墓葬群是我国的明十三陵,坐落在北京西北郊昌平区境内的燕山山麓的天寿山,总面积120余平方公里,距离北京约50公里。这里自永乐七年5月始作长陵,到明朝最后一帝崇祯葬入思陵止,其间230多年,先后修建了13座皇帝陵墓、7座妃子墓、1座太监墓。13座皇陵均依山而筑,分别建在东、西、北三面的山麓上,形成了体系完整、规模宏大、气势磅礴的陵寝建筑群。明代术士认为,这里是"风水"胜境,绝佳"吉壤",因此被明朝选为营建皇陵的"万年寿域"。

导游小贴士

明十三位皇帝陵墓分别为：长陵（成祖）、献陵（仁宗）、景陵（宣宗）、裕陵（英宗）、茂陵（宪宗）、泰陵（孝宗）、康陵（武宗）、永陵（世宗）、昭陵（穆宗）、定陵（神宗）、庆陵（光宗）、德陵（熹宗）、思陵（思宗）。景区已开放景点有长陵、定陵、昭陵、神路。

（4）伟大工程

古代伟大工程实际上是古代公共建筑的一种，主要包括交通设施和水利工程两部分。交通设施如当今世界上现存最早、保存最完善的古代敞肩石拱桥——赵州桥等（图 2-10）；水利建筑如京杭大运河、都江堰等。

图 2-10　赵州桥

3. 中国古建筑的讲解

（1）突出功能性

导游员在讲解中，要紧紧抓住古建筑的实用性功能。建筑的功能性，体现在建筑的基本功能和附加功能上，导游员只有突出其最主要的基本功能，才能讲清其附加功能，如社会功能、宗教功能、审美功能等。

一座建筑由很多构件组成，这些构件都有各自的功能。除了其实用性外，还有很强的艺术性。导游员在讲解建筑时也要注重突出审美性。比如，斗拱的实用性是承重和挑檐，但是其装饰作用也令人眼花缭乱。

（2）突出风格特色

同类型建筑的实用性没有太大的差别，但是，表现出来的风格特色却大相径庭。导游员要在古建筑的讲解中，应紧紧抓住其特色。对于不熟悉古建筑的游客来说，他们见到的建筑大同小异，没有太大的区别。这样容易使游客丧失游览兴趣，影响旅游服务的质量。导游员可以从建筑的表现形式、结构内容和历史价值等方面抓住其与众不同的特点进行导游讲解。

（3）突出结构原理

中国古代建筑的结构有着独到的特点。导游员在向游客介绍古建筑时，也要紧紧抓住结构特征，阐明科学原理，让游客真正感受到中国古建筑的博大精深。在导游讲解中，把游客难以理解的内容，通过深入浅出的讲解予以科学解释。

二、宗教建筑导游

由于宗教有着广泛的社会基础,其建筑也必然体现出极强的社会功能。宗教建筑是反映宗教信仰和文化的有利表现形式,具有非常强大的朝拜功能和欣赏功能。本项目主要以佛教建筑为例展开介绍。

佛教产生于公元前6世纪的印度,由古印度的迦毗罗王国王子乔达摩·悉达多所创,人们又称其为释迦牟尼。佛教于西汉时期传入中国。

1. 供奉的对象

(1) 佛

佛,即自觉、觉他、觉行圆满者。寺院供奉的佛有以下三种。

三身佛:法身佛(毗卢遮那佛)代表佛教真理(佛法)凝聚所成的佛身;报身佛(卢舍那佛)经过修习得到佛果,享有佛国(净土)之身;应身佛(又称化身佛,即释迦牟尼佛)指佛为超度众生、随缘应机而呈现的各种化身。

三方佛(又名横三世佛):中间是释迦牟尼佛,主管中央娑婆世界;右边是西方极乐世界的阿弥陀佛,主管西方极乐世界;左边为东方净琉璃世界的药师佛,主管东方净琉璃世界(图2-11)。

三时佛(竖三世佛):从时间上体现佛的传承关系,表示佛法永存,世代不息,"竖三世"的"世"指因果轮回迁流不断的个体一生中存在的时间。

图2-11　镇江金山寺大雄宝殿内横三方佛

三世指过去(前世、前生)、现生(现世、现生)、未来(来世、来生)三世。正中为现在佛,即释迦牟尼佛;左侧为过去佛,即燃灯佛;右侧为未来佛,即弥勒佛。其中释迦牟尼佛位居中央,也是横三世佛的核心。

(2) 菩萨

菩萨,即自觉、觉他者。寺院中常见的菩萨有:文殊、普贤、地藏、观世音、大势至。他们又分别组成"三大士"(文殊、普贤、观世音)、"四大士"(文殊、普贤、观世音、地藏,又称"四大菩萨")和"五大士"(文殊、普贤、观世音、地藏、大势至)。

（3）罗汉

罗汉全称阿罗汉，即自觉者，称已灭尽一切烦恼、应受天人供养者。他们永远进入涅槃不再生死轮回，并弘扬佛法。寺院中有十六罗汉、十八罗汉和五百罗汉。

（4）护法天神

护法天神本是古印度神话中惩恶扬善的人物，佛法称之为"天"，是护持佛法的天神。著名的护法天神有四大天王、韦驮、哼哈二将等。

2. 佛教建筑

（1）寺院

寺院指供奉神佛的庙宇，有时也指其他宗教的修道院，但一般是指佛教进行宗教活动的场所。寺院是出家人进行宗教活动的场所，是佛教信徒顶礼膜拜的地方，也是出家僧众修行的所在，后来逐步发展为具有多种综合功能的建筑群。

我国寺院的格局是按照中国传统的营造法则，把主要建筑放在了南北中轴线上，次要或附属的建筑放在中轴线的两侧。中轴线的建筑由南往北，依次为山门、天王殿、大雄宝殿、法堂、藏经楼等。天王殿前东西两侧有钟楼、鼓楼对峙。寺院的左侧是僧人生活区，西侧是接待区，主要是云会堂，以接待云游四海的僧人们而得名。

（2）石窟

石窟是一种依山而筑的寺庙建筑，里面有佛像或佛教故事的壁画。佛教提倡遁世隐修，因此僧侣们选择崇山峻岭的幽僻之地开凿石窟，以便修行之用。中国的石窟起初是仿印度石窟的制度开凿的，多见于中国北方的黄河流域。北魏至隋唐是凿窟的鼎盛时期，尤其在唐朝时期修筑了许多大石窟，唐代以后逐渐减少。

导游小贴士　如何鉴别石窟的凿刻年代呢？可以从佛像和壁画两方面看。不同时期的石窟内佛像造型有很大区别，北魏时期的佛像看起来比较清瘦、飘逸，而唐代石窟的佛像则比较丰腴、高大。这和不同时期的审美观有一定的关系。石窟内的壁画内容非常丰富，这和每一个时代的社会背景及人民的心态有着一定的关系。南北朝时期战争不断，老百姓流离失所，苦不堪言，他们希望今世能修行功德，死后进入天国，于是壁画上的主题大多是一种自我牺牲精神。到了太平盛世，国泰民安，人民的思想就和战争年代不同，更想看一看佛经中宣扬的西方极乐世界的模样，于是壁画中就出现了飞天的优美形象。

（3）佛塔

佛塔的造型起源于印度，汉代时随着佛教传入中国，用以藏舍利和经卷等。

我国的佛塔的分类如下：

① 按建筑材料可分为木塔、砖石塔、金属塔、琉璃塔等。两汉南北朝时期以木塔（图 2-12）为主，唐宋时期的砖石塔得到了发展。

② 按类型可分为楼阁式塔、密檐塔、喇嘛塔、金刚宝座塔和墓塔等。

③ 按层数可分为三层塔、五层塔、七层塔、九层塔等。

④ 按平面形状可分为四方形塔、六角形塔、八角形塔、十二角形塔和圆形塔等。

图 2-12 山西应县木塔

⑤ 按功能可分为真身舍利塔、法身舍利塔、墓塔等。

汉代佛教的塔主要包括地宫、塔身（含基座）和塔刹三个部分。

山西应县木塔是中国现存最大的木塔。此木塔建于辽代清宁二年（1056 年），距今已有 900 多年的历史。木塔总高度是 67.31 米，其中塔刹高达 10 米。塔的底层平面是八角形，直径 30.27 米，是古塔中直径最大的。塔建在一个外包砖石的夯土高台上，台高 4 米多，分上、下两层，下层是方形、上层是八角形，在高台上建木结构塔身。塔的第一层南面开塔门，进门迎面有一尊高约 10 米的释迦像，顶部是精美的藻井。门洞两壁，门额和内槽壁上都绘制了壁画。

3. 佛教建筑的讲解

佛教文化博大精深，佛教建筑同样富有深厚的文化内涵。导游员对佛教艺术的讲解，就是要将佛教与文化紧密地联系起来，用建筑来体现文化，用文化来说明建筑。这要求导游员既要熟悉建筑方面的有关知识，也要了解佛教中的有关文化。

（1）讲清寺院的基本格局

寺院是佛教徒最基本、最重要的宗教活动场所，要讲清其建筑功能、作用,就应首先讲清寺院的基本格局,使游客对佛教寺院有初步的了解,才能加深认识和理解。

（2）讲清佛教建筑的艺术特征

佛教传入中国后,在发展中不断汲取着儒学、道教及中国传统文化的内容,形成了中国独特的佛教文化。因此,导游员在讲解时,不能单纯地介绍佛教本身,而是要突出建筑中所表现出来的艺术魅力。要突出其艺术特色及与众不同之处,主要从以下三点予以重视。

建筑本身的艺术性:寺院建筑造型别致,有的材料特殊,有的环境奇特,有的规模宏大,都具有很强的艺术性。

塑像的艺术性:导游员在讲解中,既应把握塑像的宗教内涵,又能发现其艺术因素。突出寺院建筑中塑像的艺术性,可以从材料、造型、神态、色彩等方面着手。

其他艺术形式的表现力:寺院建筑艺术实际是一种综合艺术,凭借各种各样的艺术手段丰富着佛教建筑的文化内涵。如佛教寺院的殿堂、回廊的墙壁上都绘有表现佛教内容的壁画。另外,还有石雕、砖雕、木雕、窗雕等,既增强了寺院建筑的艺术效果,又提供了更为丰富的审美内容。

（3）讲清佛教建筑的思想内涵

佛教建筑带有浓重的宗教色彩,其建筑形式也必然会表现出强烈的宗教信仰的主题思想。导游员在讲解时,要突出思想内涵,使游客通过游览对佛教有基本的了解。

宗教效果:进入建筑后,人会产生一种神圣和敬畏之心。

纪念意义:佛教建筑中许多建筑及附件都有较强的纪念意义。例如,祖师殿、祖师塔是为了纪念前辈,发扬其精神。还有一些建筑是为纪念佛祖或佛教大师而建的。

体现仪轨:佛教有严格的仪轨制度,大雄宝殿举行重大的法事活动,念佛堂用于诵经念佛等。

三、园林导游

园林,是指在一定地域运用工程技术手段,通过改造地形,如筑山、理水、叠石、种植花草、放养动物、营造建筑、布置园径等途径创作而成的优美的自然环境。中国是世界园林艺术起源较早的国家之一,中国的造园艺术以其独特的空间艺术语言体现了中华民族崇尚平和协调、淡泊宁静的精神,享有"世界园林之母"的美誉。中国的古典园林是指中国以江南私家园林和北方皇家园林为代表的中国山水园林形式。明代计成所著《园冶》是中国第一本园林艺术理论的专著,书中"虽由人作,宛自天开"是中国园林建筑的最高准则。中国古典园林的造园要素主要有筑山、理水、植物、动物、建筑和书画墨迹等六种基本要素。文化意境是中国园林最大的魅力所在。

1. 中国园林的内在意境

园林艺术倾注着艺术家的思想感情,反映着艺术家的审美情趣和审美理想,同时还带有鲜明的民族风格和时代特色。这就使园林艺术不仅具有外在的形式美,而且具有内在的意境美。园林艺术内在的意境主要体现在以下几个方面。

（1）富有画意

中国园林把对大自然的概况和对山水画的升华,以三维空间的形式展现到现实生活中来。中国古典园林早在晋代就接受了中国画的写意特点。山水园林和山水画几乎相伴而生,相伴而进,在造园技法上吸取中国绘画艺术的许多重要法度,形成"以画如园,因画成景"的传统。园林大都以假山传真山的气势,以池水造湖海的神韵,以顽石显生命的灵气,以山水抒主人的性情。

（2）满怀诗情

诗情,不仅是把前人诗文的某些境界、场景在园林中以具体的形象展现出来,或者运用景名、匾额、楹联等文学手段对园景作直接的点题,而且还在于借鉴文学艺术的章法、手段规划来设计类似文学艺术的结构。

陶渊明的山水诗描绘的那种恬静闲适、自然和谐的山林生活感染了历代的士大夫,于是以陶渊明的诗意造园几乎成为一种时尚。

（3）景名点睛

题写景名,即"点景",是园林艺术意境美的点睛之笔。每个园林建成后,园林主人都要邀请一些文人,根据主人的立意和园林的景象,给园林和建筑物命名,并配以能够陶冶情操,抒发胸臆的匾额题词、楹联诗文及刻石。儒家学者讲究"微言大义",好的景名要抓住园林整体景观的主题或某一单元景观的特点,调动提名者的审美情趣和才气,进行高度概括,以达到"不尽之意见于言外"的艺术效果。因此,欣赏景名可以使人们感受到丰富的内在意境。如苏州沧浪亭的景名是园主有感于《孟子》"沧浪之水清兮,可以濯我缨;沧浪之水浊兮,可以濯我足"的寓意,表达了园主当时的处境和情绪。又如网师园,"网师"是"渔父"的别称,"渔父"在中国古代文化中既有隐居山林的含义,又有高明政治家的含义,表现了园主的审美情趣,寄托了园主的人生观。

2. 中国园林的造景手段

造园构景中运用多种手段来表现自然,以求得渐入佳境、小中见大、步移景异的理想境界,从而达到自然、淡泊、恬静、含蓄的艺术效果。通常有以下几种造景手段。

(1) 抑景

中国传统艺术历来讲究含蓄,所以园林造景也决不会让人一走进门就看到最好的景色,最好的景色往往藏在后面,令人产生"山重水复疑无路,柳暗花明又一村"之感。采取抑景的办法,能使园林显得更有艺术魅力。如园林入口处常迎门挡以假山,这种处理叫做山抑。

(2) 对景

在园林中,或登上亭、台、楼、阁、榭,可观赏堂、山、桥、树木等;或在堂、桥、廊等处可观赏亭、台、楼、阁、榭,这种从甲点观赏乙点,从乙点观赏甲点的构景方法叫做对景。

(3) 夹景

当甲风景点在远方,或自然的山,或人文的建筑(如塔、桥等),它们本身很有审美价值,如果视线的两侧无遮挡,就显得单调乏味;如果两侧用建筑物或树木花卉屏障起来,使甲风景点更显得有诗情画意,这种构景手法即为夹景。如北京颐和园后山的苏州河中划船,远方的苏州桥主景,为两岸起伏的土山和美丽的林带所夹峙,构成了明媚动人的景色。

(4) 添景

当甲风景点在远方,或自然的山,或人文的塔,如果没有其他的景点在中间、近处作过渡,就显得虚空而没有层次;如果在中间、近处有乔木、花卉作中间、近处的过渡景,景色就显得更有层次美,这中间的乔木和近处的花卉,便叫做添景。如当人们站在北京颐和园昆明湖南岸的垂柳下观赏万寿山远景时,万寿山因为有倒挂的柳丝作为装饰而生动起来。

(5) 框景

园林中建筑的门、窗、洞,或乔木树枝抱合成的景框,往往把远处的山水美景或人文景观包含其中,这就是框景。如从扬州瘦西湖钓鱼台(图2-13)的窗中,可看到远处的五亭桥和白塔。

(6) 漏景

园林的围墙上,或走廊一侧或两侧的墙上,常常设以漏窗,或雕

图2-13　扬州瘦西湖钓鱼台

以带有民族特色的各种几何图形,或雕以民间喜闻乐见的植物、动物,透过漏窗的窗隙,可见园外或园内的美景,这叫做漏景。

(7)借景

借景是中国园林艺术的传统手法。为了扩大景物的深度和广度,丰富游赏的内容,除了运用多样统一、迂回曲折等造园手法外,造园者还常常运用借景的手法,收无限于有限之中。如无锡寄畅园(图2-14),人在怀翠楼前南望,可以看到树丛背后的锡山和山上的龙光塔。这塔和山似乎成了园内

图2-14　无锡寄畅园

之景。又如杭州西湖,在"明湖一碧,青山四周,六桥锁烟水"的较大境域中,"西湖十景"互借,各个"景"又自成一体,形成一幅生动的画面。

3. 园林的导游讲解

导游员在带领游客游览园林时,要考虑园林的游览特点,注意在路线的选择和讲解上符合游览规律。

(1)游览线路以"路"为道,选择合理的路线

游览线路应符合园林游览的审美特点。曲折迂回是园林景区道路的特点,可以使游客有"曲径通幽"之感。导游员应满足游客"入山唯恐不深,入林唯恐不密"的审美心理,选择幽美的、能将各个景区有机串联起来的路线。

选择路线要步步深入,引人入胜,以达到步移景换的观赏效果。

选择路线时要考虑最佳的观赏角度、观赏距离和观赏方法,了解最能体现园林艺术意境的因素。

(2)讲解时语言要生动

园林艺术表现了中国传统文化的较高成就,在自然美和人文美的和谐中达到了较高的意境,因此导游员的讲解要能体现园林的美学价值。导游员的讲解语言要生动形象,也就是要做到用词准确,形容恰当,境界流畅,有较强的节奏感、音韵感。

(3)讲解方法要灵活

由于园林特殊的艺术表现形式,所以导游员在讲解时要灵活地运用各种讲解方法,以满足游客的审美需求。

启发式讲解法:园林的意境美是由造园者和观赏者共同创造的,游客在

欣赏的同时要不断地调动其知识文化积累,进行二次创作,产生联想和感悟,从悦耳悦目的初级审美上升到悦神的最高境界。导游员在讲解中,要启发游客二次创作的热情,鼓励游客参与造园的艺术思考和理解,多向游客提些为什么,鼓励他们参与。

画龙点睛讲解法:园林建筑的布局体现了设计者和建筑师的良苦用心,表现出意想不到的艺术效果。导游员讲解时,应该强调那些产生突出效果的地方,使游客能身临其境地体验园林艺术的奥妙。

欲扬先抑讲解法:园林中有些景点的表现手法有些直白,游客不需要听导游的介绍也能大概明白。但是,导游员如果采用欲扬先抑的方法进行讲解,就能把平淡无奇的景点讲得有声有色,从而引起游客的兴趣,增加景点的魅力。

(4) 为游客讲解园林的构景元素

园林的各种构景元素不是简单的堆砌设置,而是各得章法,表现了造园者的独具匠心。导游员要注意这些元素的讲解,使游客明白造园者的情怀和古典园林极为丰富的文化内涵。

任务 1　中国古建筑讲解

✳ 任务导入

2013 年 5 月 10 日 10:30,地陪导游张芸带领游客游览中山陵,并为游客进行讲解。

✳ 任务实施

1. 中山陵概况介绍

① 地理位置:＿＿＿＿＿＿＿＿＿＿＿＿＿＿＿＿＿＿＿＿＿＿

＿＿＿＿＿＿＿＿＿＿＿＿＿＿＿＿＿＿＿＿＿＿＿＿＿＿＿＿＿

② 建筑形式:＿＿＿＿＿＿＿＿＿＿＿＿＿＿＿＿＿＿＿＿＿＿

＿＿＿＿＿＿＿＿＿＿＿＿＿＿＿＿＿＿＿＿＿＿＿＿＿＿＿＿＿

2. 孙中山及陵墓设计者相关介绍

① 孙中山生平介绍:＿＿＿＿＿＿＿＿＿＿＿＿＿＿＿＿＿

＿＿＿＿＿＿＿＿＿＿＿＿＿＿＿＿＿＿＿＿＿＿＿＿＿＿＿＿＿

＿＿＿＿＿＿＿＿＿＿＿＿＿＿＿＿＿＿＿＿＿＿＿＿＿＿＿＿＿

② 安葬紫金山的夙愿:＿＿＿＿＿＿＿＿＿＿＿＿＿＿＿＿

＿＿＿＿＿＿＿＿＿＿＿＿＿＿＿＿＿＿＿＿＿＿＿＿＿＿＿＿＿

③ 陵墓设计者介绍:＿＿＿＿＿＿＿＿＿＿＿＿＿＿＿＿＿

＿＿＿＿＿＿＿＿＿＿＿＿＿＿＿＿＿＿＿＿＿＿＿＿＿＿＿＿＿

3. 游览线路及具体景点介绍

① 陵园路—半月形广场—孝经鼎:＿＿＿＿＿＿＿＿＿＿

_____

_____

② 博爱坊—墓道—陵墓正门—碑亭—八段石阶和平台：_____

_____

_____

③ 祭堂—孙中山坐像—墓室—孙中山遗体安葬经过：_____

_____

_____

**导游
小贴士**　　中山陵陵寝（博爱广场、墓道、陵门、碑亭、祭堂、墓室）每天的营业时间是 8:30 至 17:00,周一关闭祭堂和墓室,进行保养维护。

任务2　宗教建筑讲解

✳ 任务导入

　　2013年5月11日13:00,地陪张芸带领游客来到灵山胜境,首先要向游客介绍的便是宏伟庄严的灵山大佛(图2-15)。

图2-15　无锡灵山大佛

✳ 任务实施

1. 灵山大佛的概况介绍

① 地理位置:_____

_____

② 高度介绍：_____

③ 建造过程：_____

_____

_____

2. 灵山大佛的结构介绍

① 莲花座介绍：_____

_____

_____

② 佛体介绍：_____

_____

_____

3. 灵山大佛的佛像造型介绍

_____

_____

导游小贴士

1. 进入寺院发现大雄宝殿内的香客特别多，导游员该怎么办？

逢年过节或是每月的初一、十五以及佛、菩萨的佛教节日，寺院里总是人山人海、人流如潮。导游员带领旅游团进入寺院后，发现大雄宝殿内的游客特别多，为了保证导游服务质量以及旅游接待计划不受影响，此刻，导游员可采取灵活多变的接待方法。

首先导游员在带团出游前要认真阅读旅游接待计划，尽量避开寺院人流量高峰时间。一般来说，寺院内有佛事活动，人流量高峰在早晨，下午到傍晚前要相对好些。若是导游员事先不清楚把旅游团带去"凑热闹"，那也没关系，因为寺院内的香客和游人似涌向岸边的浪潮，一浪高过一浪，导游员可以等大雄宝殿内的香客和游人退出以后安排游客进去参观游览。另外，导游员不妨在大雄宝殿门前向游客介绍讲解，也可先参观游览其他殿堂，最后再带领游客进大雄宝殿。

总之,导游员可灵活应变,但要掌握一个原则,即游览程序可变动,景点讲解不可少。

2. 游客向你请教烧香拜佛的礼仪,导游员该怎么办?

游客(特别是外国游客)在参观游览时,看到寺院内有许多人以及善男信女燃香拜佛觉得好奇,他们有时会向导游员提出许多与之有关的问题,其中就会有人向导游员请教烧香拜佛的礼仪,作为导游员有义务满足游客的好奇心理,必要时可做些拜佛的示范动作,并适当解释这些礼仪的规矩。

导游员首先可向游客讲解一些中国汉化佛教的知识,并且告诉他们中国古代把单数看作阳数,认为它们是吉利的数字。在古代,等级较高建筑的大门上,所有门钉为单数,佛教中室、塔层数也是单数,另外还有"三跪九叩"之说。因此,在寺院内烧香时,每位香应该是3,5,7,9或者更多(如今寺院敬香大多以把为计量单位)的单数,这不仅符合烧香规矩,而且很"吉利"。至于为何要烧香,佛教上也有说法,因为人间与佛国相距甚远,人们在求佛时,那燃起的烟香会升天而去,便可把"信息"传递给佛国。

关于如何拜佛,你可这么介绍:据唐高僧玄奘《大唐西域记》记载,致敬之式,其仪九等:① 发言慰问;② 俯首示敬;③ 举手高揖;④ 合掌平拱;⑤ 屈膝;⑥ 长跪;⑦ 手膝及顶;⑧ 五轮俱屈;⑨ 五体投地。五体亦名"五轮",二肘、二膝及顶称为五轮。

任务3 园林讲解

❋ 任务导入

2013 年 5 月 12 日 15:00,地陪张芸为游客进行苏州拙政园的讲解。

❋ 任务实施

1. 拙政园概况介绍

① 历史地位:＿＿＿＿＿＿＿＿＿＿＿＿＿＿＿＿＿＿＿＿

＿＿＿＿＿＿＿＿＿＿＿＿＿＿＿＿＿＿＿＿＿＿＿＿＿＿

② 创建历史:＿＿＿＿＿＿＿＿＿＿＿＿＿＿＿＿＿＿＿＿

＿＿＿＿＿＿＿＿＿＿＿＿＿＿＿＿＿＿＿＿＿＿＿＿＿＿

③ 艺术风格:＿＿＿＿＿＿＿＿＿＿＿＿＿＿＿＿＿＿＿＿

＿＿＿＿＿＿＿＿＿＿＿＿＿＿＿＿＿＿＿＿＿＿＿＿＿＿

2. 拙政园格局介绍

① 东园:＿＿＿＿＿＿＿＿＿＿＿＿＿＿＿＿＿＿＿＿＿＿

＿＿＿＿＿＿＿＿＿＿＿＿＿＿＿＿＿＿＿＿＿＿＿＿＿＿

＿＿＿＿＿＿＿＿＿＿＿＿＿＿＿＿＿＿＿＿＿＿＿＿＿＿

② 中园:＿＿＿＿＿＿＿＿＿＿＿＿＿＿＿＿＿＿＿＿＿＿

＿＿＿＿＿＿＿＿＿＿＿＿＿＿＿＿＿＿＿＿＿＿＿＿＿＿

＿＿＿＿＿＿＿＿＿＿＿＿＿＿＿＿＿＿＿＿＿＿＿＿＿＿

③ 西园：_____

_____

_____

_____

　　园林一定要有导游讲解才能体会到其精华。导游员在
进行园林讲解时，既要向游客普及园林构景法则、文化内涵，
引导游客进行园林的审美，同时也要注意语言的生动活泼、
通俗易懂。由于园林静谧的氛围，导游员在讲解时尽量不要使用刺耳的电
喇叭，提倡使用轻盈小巧的耳麦或是导游原声讲解，使游客能感悟到园林安
静的意境及无穷的韵味。

**导游
小贴士**

项目拓展

1. 中国古代建筑的哪些构件可以反映建筑的等级？

_____

_____

_____

2. 选择所在城市的一座佛教寺院或道教宫观，教师指导学生参观游览。
教师指导学生收集资料，撰写一篇导游词并模拟讲解。

_____

_____

_____

_____

3. 讨论中西方园林的差异表现在哪些方面。

_____

_____

_____

_____

导游资料库

中国古代建筑元素中的龙子

在中国,很早就有"龙生九子"的说法,而在中国的古建筑中,也经常能看到这些动物的形象。关于"龙生九子",在历代著作中说法不一,综合起来,主要有两种说法。

明朝李东阳《怀麓堂集》中"龙生九子"为老大囚牛(qiúniú)、老二睚眦(yázì)、老三嘲风(cháofēng)、老四蒲牢(púláo)、老五狻猊(suānní)、老六赑屃(bìxì)、老七狴犴(bì'àn)、老八负屃(fùxì)、老九螭吻/鸱尾(chīwěn)。

另有说法为老大赑屃(bìxì)、老二螭吻/鸱尾(chīwěn)、老三蒲牢(púláo)、老四狴犴(bì'àn)、老五饕餮(tāotiè)、老六蚣蝮(gōngfù)、老七睚眦(yázì)、老八狻猊(suānní)、老九椒图(jiāotú)。

所谓"龙生九子",并非龙恰好生九子。中国传统文化中,以九来表示极多,有至高无上的地位,九是个虚数,也是贵数,所以用来描述龙子。有的说法中还把螭、麒麟、朝天吼(犼)、貔貅也归入龙子之列。

佛像的手势

佛像的各种手势代表佛像的不同身份,表示佛教的各种教义,是具有印度特点的人体语言,表达的含义极为丰富。常见的佛像手势有说法印、无畏印、与愿印、降魔印、禅定印5种,即"释迦五印"。手印形式可有多种变化,尤其是密教手印多达几百种,变化莫测,常见的有智拳印、期克印等。

1. 说法印

以拇指与中指(或食指、无名指)相捻,其余各指自然舒散。这一手印象征佛说法之意,表现佛陀于鹿野苑初转法轮时的状态,所以称为说法印,也称转法轮印。

2. 无畏印

屈臂上举于胸前,手指自然舒展,手掌向外。这一手印表示佛为救济众生的大慈心愿,据说能使众生心安,无所畏怖,所以称为无畏印。

3. 与愿印

以手自然下伸,指端下垂,手掌向外,表示佛菩萨能给予众生愿望满足,使众生所祈求之愿都能实现之意。此印相具有慈悲之意,所以往往和无畏印配合。

4. 降魔印

以右手覆于右膝,指头触地,以示降伏魔众。相传释迦在修行成道时,有魔王不断前来扰乱,以期阻止释迦的清修。后来释迦即以右手指触地,令大地为证,于是地神出来证明释迦已经修成佛道,终使魔王惧伏,因此称为降魔印。又因以手指触地,所以又称触地印。

5. 禅定印

以双手仰放下腹前,右手置于左手上,两拇指的指端相接。这一手印表示禅思,使内心安定之意。据说释迦佛在菩提树下禅思入定修习成道时就是采用这种姿势。在密教中,这种手印是胎藏界大日如来所用,称为"法界定印"。

6. 智拳印

以两手分别作金刚拳(以四指握拇指于掌中,称为金刚拳),再以右拳握左手食指于胸前,据说此印相表示消灭无明烦恼,能得佛智慧。

7. 期克印

以中指与拇指相抵,竖食指,此印是密宗的降魔印。

模块三　送站服务

　　送站服务是导游工作的最后一个环节,也是保证旅游活动圆满结束的重要环节。若在这一过程当中出现失误,极有可能使游客对整个旅游产生不良评价,甚至导致功亏一篑的局面发生。无论是全陪还是地陪,都应该充分重视这一机会,以饱满的工作热情和良好的精神状态做好最后阶段的工作,善始善终,使游客顺利、安全、满意地离开本地。

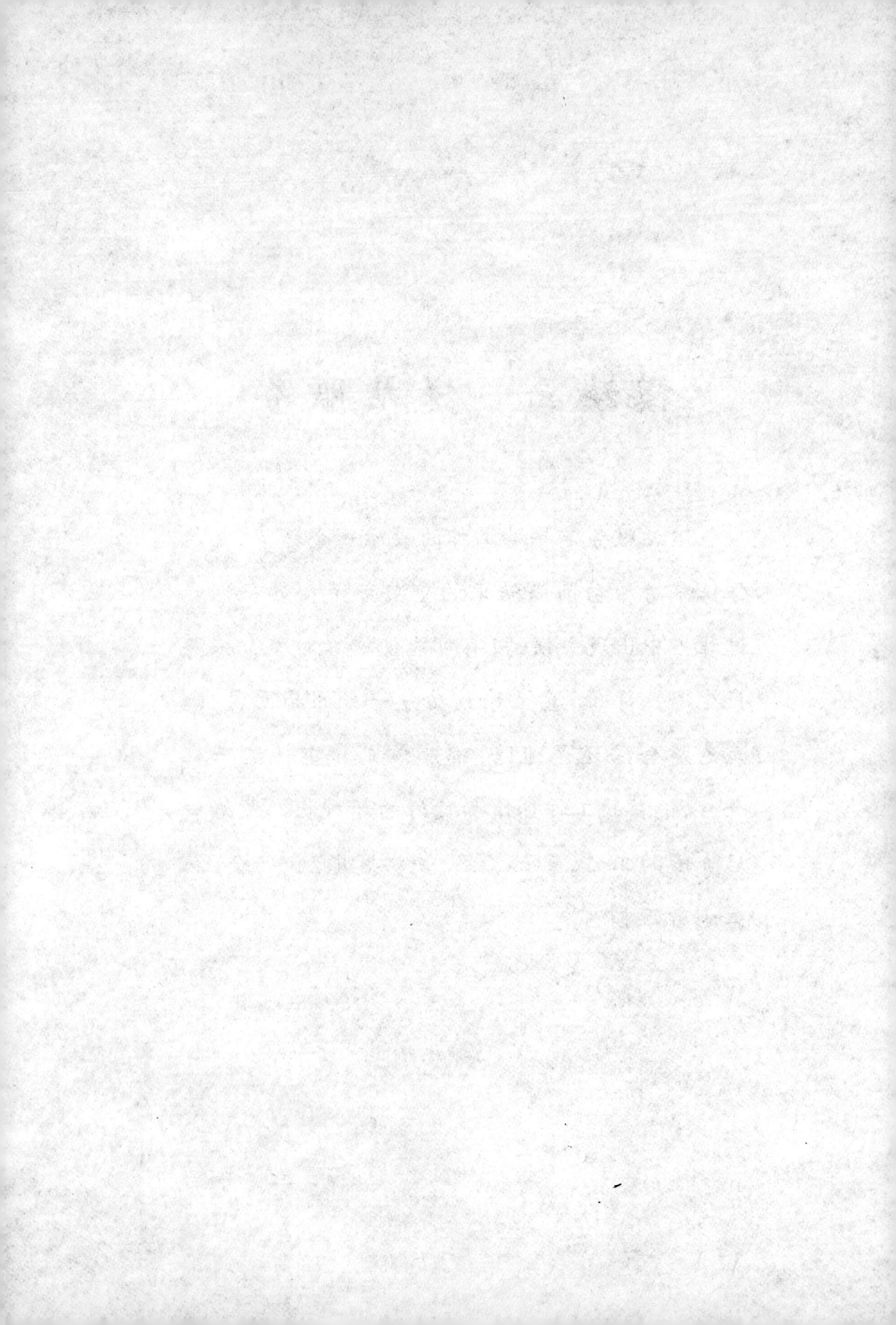

项目一

送团服务

项目概述

　　旅游团结束本地参观游览活动后,地陪应做好送站服务,使游客顺利、安全地离站,遗留问题应及时妥善地处理。在这一阶段,地陪主要有送行前的业务准备、离店服务和送行服务三项工作。

项目目标

1. 知识目标

　　了解送站服务程序;理解团队离站前的服务事项;掌握欢送辞的类型和写作方法。

2. 技能目标

　　能进行送团准备,提供规范的离店、送行、送站服务,完成欢送辞的写作和讲解。

3. 素质目标

　　培养良好的沟通、协调、配合能力;培养学习兴趣,激发学生对导游工作的热爱;展示出导游的美好形象,享受带团的快乐。

知识准备

　　导游员经过一段时间的紧张工作,在送别阶段容易疲劳且易产生松懈心理;同时,离团前的游客归心似箭,多忙于个人事务,情绪易激动,往往容易出错。在此阶段,导游员一旦懈怠,必将功亏一篑,因此工作需要加倍认真,以圆满完成接待任务。

一、送站准备

1. 核实交通票据

旅游团离开本地的前一天,地陪应认真做好旅游团离开的交通票据核实工作,核对团名、代号、人数、全陪姓名、航班(车次、船次)和始发到达站、起飞(开车、起航)时间等。要做到"四核实",即计划时间、时刻表时间、票面时间、问讯时间的核实;弄清启程机场的位置等事项;如班次有变更,应问清内勤是否已通知下一站,以免漏接;提醒全陪向下一站交代有关情况。

2. 商定出发事宜

地陪应在旅游团离开的前一天与领队、全陪商定出发时间,从而确定叫早、出行李及早餐时间,并通知每一位游客及酒店相关部门。如果该团所乘交通工具班次时间较早,无法在酒店餐厅用餐,地陪要及时做好相应的准备工作,并向游客说明情况。

3. 及时归还证件

旅游团离开的前一天,地陪应检查自己的行李中是否保留有游客的证件、票据等,若有应立刻归还,并当面清点。一般情况下,地陪不应保留旅游团的旅行证件,若需用,可通过领队向游客收取,用完后,立即归还。

二、离店服务

1. 集中交运行李

离店前,地陪应按商定的时间与领队、全陪、饭店行李员一起检查行李是否捆扎、上锁,有无破损等,在每件行李上加贴行李封条,然后共同清点、确认行李件数,并填写好行李交运卡。

2. 办理退房手续

地陪应协助游客办理退房手续,并询问游客是否已与饭店结清账目。如有需要,地陪应收齐房卡,集中交到总服务台。如有损坏客房设备,地陪应协助饭店妥善处理赔偿事宜。如无特殊原因,地陪应在中午 12:00 以前办理相关退房手续(或通知有关人员办理)。

3. 集合登车

等游客放好随身行李物品入座后,地陪要仔细清点实到人数,并得到全陪或领队的确认。全体到齐后,提醒游客再次检查随身携带物品,如无遗漏,则示意司机出发。

三、送行服务

1. 致欢送辞

在去机场(车站、码头)途中,导游员应向全体游客至欢送辞。致欢送辞的关键是要掌握好时间和情感。

2. 征询意见

请全陪、领队或游客代表填写旅游团(者)意见征询表,从中得出他们对本次旅游活动的评价和建议。从表扬中看到自身的优势,继续发扬;从批评中找到自身不足,不断改进。通过经验的积累,提升自身的业务素质,提高旅行社的服务信誉。

导游小贴士

旅游团(者)意见征询表

尊敬的游客:

为不断提高旅游服务质量,树立我社企业新形象,诚请阁下在所列项目内打"√",对本次旅游提出宝贵意见,使我们的服务不断改进,让您下次旅游更加满意!

江苏海外国际旅行社
年　月　日

团号								单位								
项目	住宿			餐饮			用车服务			景点完整		购物			全陪导游			地陪导游
	好	中	差	好	中	差	好	中	差	是	否	好	中	差	好	中	差	好	中	差

导游是否履行安全责任		安全工作是否到位	

评价或建议	

领队或游客代表签名		联系电话	
全陪签字		地陪签字	

3. 照顾下车

旅游车抵达机场(车站、码头)后,下车前,地陪应提醒游客带齐随身行李物品,准备好旅行证件,照顾全团游客下车,请司机协助检查车内有无游客遗留物品。

4. 移交单据

如送国内航班(车、船),到达机场(车站、码头)后,地陪应尽快与行李员联系,取得交通票据和行李卡,将交通票据和行李卡交给全陪或领队,并一一清点、核实。如系送国际航班(车、船),地陪应请领队、全陪一起与行李员交接行李,并清点检查后将行李交给游客。

5. 协助离站

完成交通票据和行李卡移交工作后,地陪仍不能马上离开旅行团。若系乘坐国内航班(车、船),地陪应协助游客交付机场税、领取登机牌,并请全陪或领队分发登机牌,帮助办理超规格行李托运等手续;若系乘坐国际航班(车、船),地陪应将游客送往隔离区,由领队帮助游客办理有关离境手续,但地陪应向其介绍办理出境、行李托运和离站的手续。

当游客进入安检口或隔离区时,地陪应与游客告别,并祝其旅途顺利。如游客系乘坐火车或汽车离开,地陪应等交通工具启动后方可返回。

6. 结算事宜

若接待国内段团,地陪应在游客结束当地游览活动后,离开本地前与全陪办理好拨款结算手续;若接待离境团,地陪应在团体离开后,与全陪办理好财务拨款结算手续,并妥善保管好票据。

❋ 任务1 送站准备

❋ 任务导入

2013 年 5 月 13 日下午 18:30,旅行团将于上海虹桥国际机场乘坐飞机离开。5 月 12 日,地陪张芸做送站准备工作。

❋ 任务实施

1. 核实交通票据

① 票面时间与时刻表、接待计划是否一致:是□　　否□

② 核对团名是否一致:是□　　否□

③ 核对代号是否一致:是□　　否□

④ 核对人数是否一致:是□　　否□

⑤ 核对去向是否一致:是□　　否□

⑥ 核对航班是否一致:是□　　否□

⑦ 启程机场:＿＿＿＿＿＿＿＿＿＿＿＿＿＿＿＿＿＿＿＿＿＿＿

2. 商定出发时间

① 送团地点:＿＿＿＿＿＿＿＿＿＿＿＿＿＿＿＿＿＿＿＿＿

② 乘机时间:＿＿＿＿＿＿＿＿＿＿＿＿＿＿＿＿＿＿＿＿＿

③ 路程花费时间:＿＿＿＿＿＿＿＿＿＿＿＿＿＿＿＿＿＿＿

④ 确定出发时间:＿＿＿＿＿＿＿＿＿＿＿＿＿＿＿＿＿＿＿

3. 商定出发事宜,并向游客宣布次日安排

① 叫早时间:＿＿＿＿＿＿＿＿＿＿＿＿＿＿＿＿＿＿＿＿＿

② 早餐时间：＿＿＿＿＿＿＿＿＿＿＿＿＿＿＿＿＿＿＿＿＿＿＿＿＿＿

③ 退房时间及注意事项：＿＿＿＿＿＿＿＿＿＿＿＿＿＿＿＿＿＿＿＿

④ 游客行李安排及托运事项：＿＿＿＿＿＿＿＿＿＿＿＿＿＿＿＿＿

⑤ 午餐安排细节：＿＿＿＿＿＿＿＿＿＿＿＿＿＿＿＿＿＿＿＿＿＿＿

⑥ 结束游览时间：＿＿＿＿＿＿＿＿＿＿＿＿＿＿＿＿＿＿＿＿＿＿＿

⑦ 集合、出发时间：＿＿＿＿＿＿＿＿＿＿＿＿＿＿＿＿＿＿＿＿＿＿

4. 通知酒店服务台做好离店准备

① 退房团名、团号：＿＿＿＿＿＿＿＿＿＿＿＿＿＿＿＿＿＿＿＿＿

② 叫早时间：＿＿＿＿＿＿＿＿＿＿＿＿＿＿＿＿＿＿＿＿＿＿＿＿＿

③ 早餐时间：＿＿＿＿＿＿＿＿＿＿＿＿＿＿＿＿＿＿＿＿＿＿＿＿＿

④ 是否已经提醒并及时与游客结清账目：是□　　否□

导游小贴士　　　　如游客乘坐出境或沿海城市的航班离开，则要求提前2小时抵达机场；如游客乘坐国内航班离开，则要求提前90分钟抵达机场；如游客乘火车、轮船离开，则要求提前1小时抵达车站、码头。地陪不仅要向游客说明时间安排，还应提醒、督促游客尽早与饭店结清所有自费项目账单（如洗衣费、电话费、饮料酒水费等），如有损坏客房设备，地陪应协助饭店妥善处理赔偿事宜。

任务2　离店服务

❋ 任务导入

　　2013 年 5 月 13 日上午 8 点,旅游团全体成员在酒店大堂集合,地陪张芸办理退房离店手续。

❋ 任务实施

1. 了解集中交运行李注意事项

① 是否清点、确认托运行李的件数:是□　　否□

② 行李是否上锁、捆扎:是□　　否□

③ 行李有无破损:有□　　无□

④ 行李有无加贴行李封条:有□　　无□

⑤ 有无填写行李交运卡:有□　　无□

2. 熟悉地陪办理退房手续的程序

① 退还房卡数:＿＿＿＿＿＿张

② 结清账目(包含应收费项目):＿＿＿＿＿＿＿＿＿＿＿＿＿＿＿＿＿＿＿

③ 房费结算方式:＿＿＿＿＿＿＿＿＿＿＿＿＿＿＿＿＿＿＿＿＿＿＿＿＿＿

　　自 2009 年 8 月,中国旅游饭店业协会在其公布的《中国旅游饭店行业规范》中,删去了"12 点退房,超过 12 点加收半天房费,超过 18 点加收 1 天房费"的规定,取而代之的是第三章第十条:"饭店应在前厅显著位置明示客房价格和住宿时间结算方法,或者确认已将上述信息用适当方式告知游客。"

导游小贴士

3. 地陪带领游客上车,准备出发

① 清点人数:_____

② 提醒游客检查随身携带物品是否有遗漏: 是□　　否□

导游小贴士　　地陪应与领队、全陪共同清点行李的件数,与行李员签字交接。旅游团队退房时注意提前通知客房服务中心,提高退房效率。地陪应提前收齐游客房卡,办理退房手续,与饭店结清有关账目,注意与旅行社客房协议价格的保密工作,不得告之领队、全陪、游客。注意:旅行社只承担团队房费、餐费,游客其他一切消费,包括房内有偿物品、电话费、个人用餐、酒水等消费一律自理。上车后地陪应注意清点人数,提醒有关注意事项。

任务3 送行服务

✳ 任务导入

2013年5月13日15:30,旅游团乘坐旅游车赶赴上海虹桥国际机场,一个半小时后,旅游团即将抵达机场。

✳ 任务实施

1. 致欢送辞

① 回顾旅游活动、感谢合作:_____

_____

② 表达友好、惜别之情:_____

_____

③ (如有不尽如人意之处)表达歉意:_____

_____

④ 期待重逢:_____

_____

⑤ 表达美好祝愿:_____

_____

欢送辞主要有以下类型:惜别式、道歉式、感谢式。

惜别式:惜别式欢送辞是常用的方式之一,但切记不可过分渲染,给人以虚假之嫌。点到即可,这样才会使真情自然地流露。

导游小贴士

道歉式:这种欢送辞往往用于有失误的情形下,但通常是不得已而为之。旅游旺季或在接待过程中,有时难免会出现失误或意外,导游员应息事宁人,以消除游客的怨气。送团时再次重申,既可表明自己的诚意,又可使游客明白导游员已足够重视,有益于化解游客的不满情绪。

感谢式:感谢式的欢送辞是最常见的一种,如果团队旅行顺利完美,此时的感谢将会是锦上添花,收到非常好的效果。

2. 请全陪、游客填写意见征询表
旅游服务质量征询表

尊敬的游客:

您好!

很高兴这次能成为大家的导游,为了不断提高我社旅游服务水平和质量,请您协助我们填好此表,用"√"或文字阐述的形式,客观公正地对我公司的服务安排做出认可和相应评价。感谢对您对我公司的支持! 谢谢合作!

本社团号					地陪	
旅行日期	年 月 日— 年 月 日				对您以下的真诚留言,我们深表谢意!	
组团单位						
旅行单位						
国籍/地区						
旅行人数						
联系地址						
领队姓名						
联系电话						
E-mail						
评价内容	优	良	一般	差		
行程安排						
住宿安排						
就餐安排						
导游服务						
司机服务						
车辆安排						
旅游购物						

领队(签字):＿＿＿＿＿＿　　　　全陪(签字):＿＿＿＿＿＿

年 月 日　　　　　　　　年 月 日

3. 下车前应做的工作

① 提醒游客目的地即将到达：＿＿＿＿＿＿＿＿＿＿＿＿＿＿＿

② 提醒游客带齐随身行李物品：＿＿＿＿＿＿＿＿＿＿＿＿＿

＿＿＿＿＿＿＿＿＿＿＿＿＿＿＿＿＿＿＿＿＿＿＿＿＿＿＿＿＿

③ 引导游客下车：＿＿＿＿＿＿＿＿＿＿＿＿＿＿＿＿＿＿＿＿

＿＿＿＿＿＿＿＿＿＿＿＿＿＿＿＿＿＿＿＿＿＿＿＿＿＿＿＿＿

> **导游小贴士**
>
> 游客到达机场前,地陪应提醒游客带齐随身的行李物品,到达后导游应最先下车并站立在车门前侧引导协助游客下车,还要再检查一下车内有无游客遗漏的物品。安顿游客在一个集中位置坐好等候,并再次提醒游客保管好自己随身携带的物品。

4. 介绍离开手续,向旅游团告别

① 向全陪、领队介绍离站手续：＿＿＿＿＿＿＿＿＿＿＿＿＿

＿＿＿＿＿＿＿＿＿＿＿＿＿＿＿＿＿＿＿＿＿＿＿＿＿＿＿＿＿

② 移交交通票据及其他单据：＿＿＿＿＿＿＿＿＿＿＿＿＿＿

③ 财务拨款结算手续是否办妥：是□　否□

④ 无行李托运游客的安排方式：＿＿＿＿＿＿＿＿＿＿＿＿＿

⑤ 需托运行李游客的安排方式：＿＿＿＿＿＿＿＿＿＿＿＿＿

> **导游小贴士**
>
> 旅游团到达机场大厅后,地陪需立即与旅行社行李员联系,将行李员交来的交通票据和行李托运单或行李卡一一清点无误后移交给全陪,并请其清点核对。
>
> 如果时间充裕,可向游客介绍机场设施情况,协助办理登机手续,带领游客进入航站楼,让无行李托运的游客在安检门前附近休息等候,需要托运行李的游客带着行李跟随地陪到相应的航空公司值机柜台办理登机和行李托运手续。
>
> 在值机柜台前,把电子客票行程单和游客的护照或身份证件递给工作人员,并让游客把需要托运的行李两件两件地摆放在行李安检输送机前,清

导游小贴士

点好件数。登机牌全部出来后,地陪应清点好登机牌和护照、身份证的数目,然后将全陪和领队的登机牌抽出来后,其余交给全陪或领队进行发放,并让他们告知游客核对登机牌上面的名字是否正确,如有错立即告知地陪重新进行处理。

办理行李托运手续时,先告知值机柜台的工作人员需托运的行李总件数,再把行李一次一件放到行李安检输送带上,并把全陪或领队的登机牌交给工作人员,告诉工作人员所有的行李托运标签均贴在这张登机牌背面,同时询问游客托运的行李中有无易碎品,若有易碎品的行李请告知工作人员贴上红色的"易碎品"标签,并让游客本人在免责条上签字确认。

待办理完一切手续后,带领游客到安检入口前,主动与游客告别,待游客全部进入安检口后方可离开机场。

如果是出境团,我国游客一般都要经过以下程序:持护照、机场税票走红色通道,托运行李过安检;办理登机手续,提前取下当日乘机联,小心不要多撕,对托运的行李办好手续后,保存好行李牌;过卫生检疫,出示黄皮书;过边检,旅游护照按名单顺序排好,依次通过。如是长期护照者可走其他通道,出过境的要填出境卡;领队将两份出境游客名单交边检检查,边检将留下一份,另一份盖边检章后,交领队放存,入境时依此检查;过安检,候机,登机。

项目拓展

1. 模拟地陪的角色,写一篇欢送辞,并练习讲解。

_____

_____

_____

2. 旅游车前往机场送站途中发生故障,地陪该如何处理?

_____

_____

_____

导游资料库

中国海关出入境常识①

1. 出境要交验的证件

外国人出境时须向边防检查站交验其有效护照、证件和出境登记卡,并在有效入境签证上规定期限内出境;中国人出境须向边防检查站交验有效的护照证件、前往国签证和出境登记卡。

2. 入境要交验的证件

外国人入境持有效的护照、证件并办妥我国入境签证;中国人凭有效护照、证件入境。中外旅客入境时,须将填写好的入、出境登记卡连同护照、证件、签证,一并交边防检查站检查。

3. 入境物品有哪些限制?

各种武器、仿真武器、弹药和爆炸物品;伪造的货币及伪造有价证券;对中国政治、经济、文化、道德有害的印刷品、胶卷、照片、唱片、影片、录音带、录像带、激光视盘、计算机存储介质及其他物品;各种烈性毒药;鸦片、吗啡、海洛因、大麻以及其他能使人成瘾的麻醉品、精神药物;带有危险性病菌、害虫及其他有害生物的动物、植物及其产品;有碍人畜健康的,来自疫区的以及其他能传播疾病的食品、药品或其他物品。

4. 哪些物品属禁止出境物品?

列入禁止入境范围的所有物品;内容涉及国家秘密的手稿、印刷品、胶卷、照片、唱片、影片、录音带、录像带、激光视盘、计算机存储介质及其他物品;珍贵文物及其他禁止出境的文物;濒危的和珍贵的动物、植物(均含标本)及其种子和繁殖材料。

5. 国际航线旅客每人可免费携带哪些随身物品?

一个女用手提包,一件大衣或雨衣或一条旅行用的毛毯,一把伞或一根手杖,一个小型照相机,一具小型望远镜,在飞行途中需要阅读的少量读物,在飞行途中需用的婴儿食品,一个婴儿摇篮,旅客赖以行动的折叠椅或一副拐杖、撑架或假肢。

---

① http://www.51766.com

6. 国际航线免费行李额有哪些规定?

国际航线免费行李额分为计重免费行李额和计件免费行李额两种。

计重免费行李额:按照旅客所付的票价座位等级,每一全票或半票旅客免费行李额为:头等舱为 40 公斤(88 磅),公务舱为 30 公斤(66 磅),经济舱(包括旅游折扣)为 20 公斤(44 磅),按成人全票价 10% 购票的婴儿无免费行李额。

计件免费行李额,按照旅客所付的票价座位等级,每一全票或半票旅客的免费行李额为两件,每件长、宽、高三边之和不得超过 158 厘米(62 英寸),每件重量不得超过 32 公斤。但持有经济舱(包括旅游折扣)客票的旅客,其两件行李长、宽、高的总和不得超过 273 厘米(117 英寸),按成人全票价 10% 购票的婴儿无免费行李额。

7. 部分限制出入境物品的有关规定

(1) 烟、酒

来往港澳地区的旅客(包括港澳旅客和内地因私前往港澳地区探亲的旅客),可免税携带香烟 200 支或雪茄 50 支或烟丝 250 克,酒一瓶(不超过 0.75 升);当天往返或短期内多次来往港澳地区的旅客,可免税携带香烟 40 支或雪茄 5 支或烟丝 40 克,不准免税带进酒;其他入境旅客可免税携带香烟 400 支或雪茄 100 支或烟丝 500 克,酒 2 瓶(不超过 1.5 升)。

(2) 旅行自用物品

非居民旅客及持有前往国家或地区再入境签证的居民旅客携进旅行自用物品限照相机、便携式收录音机、小型摄影机、手提式摄录机、手提式文字处理机每种一件。超出范围的,需向海关如实申报,并办理有关手续。经海关放行的旅行自用物品,旅客应在回程时复带出境。

(3) 金、银及其制品

旅客携带金、银及其制品入境应以自用合理数量为限,其中超过 500 克的,应填写申报单证,向海关申报;复带出境时,海关凭本次进境申报的数量核放。

携带或托运出境在中国境内购买的金、银及其制品(包括镶嵌饰品、器皿等新工艺品),海关验凭中国人民银行制发的"特种发票"放行。

(4) 外汇

旅客携带外币、旅行支票、信用卡等入境,数量不受限制。居民旅客携带 1000 美元(非居民旅客 5000 美元)以上或等值的其他外币现钞入境,需向海关如实申报;复出境时,海关验凭本次进境申报的数额核放。旅客携带上述情况以外的外汇出境,海关验凭国家外汇管理局制发的"外汇携带证"查验放行。

(5) 人民币

旅客携带人民币进出境,限额为 6000 元。超出 6000 元的不准出入境。

(6) 文物(含已故现代著名书画家的作品)

旅客携带文物入境,如需复带出境,请向海关详细报明。

旅客携运出境的文物,须经中国文化行政管理部门鉴定。

携运文物出境时,必须向海关详细申报。对在境内商店购买的文物,海关凭中国文化行政管理部门的鉴定标志及文物外销发货票查验放行。

对在境内通过其他途径得到的文物,海关凭中国文化行政管理部门的鉴定标志及开具的许可出口证明查验放行。

未经鉴定的文物,请不要携带出境。携带文物出境不据实向海关申报的,海关将依法处理。

(7) 中药材、中成药

旅客携带中药材、中成药出境,前往国外的,总值限人民币 300 元;前往港澳地区的,总值限人民币 150 元。

入境旅客出境时携带用外汇购买的、数量合理的自用中药材、中成药,海关凭有关发货票和外汇兑换水单放行。

麝香以及超出上述规定限值的中药材、中成药不准出境。

项目二

善后服务

项目概述

地陪服务规程是指地陪从接受地方接待旅行社下达的旅游团队接待任务开始,到旅游团队离开本地并做完所有后续工作为止的工作程序。因此,地陪把团队送离本站后并没有结束自己的接待任务,而是要继续完成相关的后续工作。善后服务工作主要包括整理带团纪录、做好带团总结以及做好收尾工作。

项目目标

1. 知识目标

了解善后工作的主要内容;熟悉带团记录的主要内容;掌握带团总结的基本格式。

2. 技能目标

能整理带团记录,撰写带团总结,正确处理收尾事宜。

3. 素质目标

培养良好的沟通、协调能力;提升学习兴趣,激发学生对导游工作的热爱。

知识准备

游客在结束当地的游览后,可能会遗留一些问题,比如在某纪念品商店看中的某件商品,当时缺货,但游客非常喜欢,需要地陪后期帮忙购买;再者,导游员想提高自身的业务素质,需要做好工作总结,此类工作可称之为善后服务。

一、整理带团纪录

送走旅游团队后,导游工作仍在继续。下团后,导游应将整个团队的接待情况记录下来,对此,全陪可填写全陪日志(见表3-1),地陪需填写专门的地陪记录表。如果在旅游中发生较为严重的旅游事故,则需要整理出书面材料向旅行社领导汇报。这些记录不仅能为自己的工作留下宝贵的文字材料,也能为旅行社逐步改善行程设计,提高服务质量提供重要的资料。

表3-1 全陪日志(样本)

单位/部门			团 号		
全陪姓名			组团社		
领队姓名			国 籍		
接待时间	年 月 日— 年 月 日		人 数	(含 岁儿童 名)	
途径城市					
团内重要游客、特别情况及要求					
团队或游客的意见、建议和旅游接待工作的评价					
该团发生的问题和处理情况(意外事件、游客投诉、追加费用等)					
全陪意见和建议					
全陪对全过程服务的评价: □合格 □不合格					
行程状况	顺利	较顺利		一般	不顺利
游客评价	满意	较满意		一般	不满意
服务质量	优秀	良好		一般	比较差
全陪签字		部门经理签字		质管部门签字	
日期		日期		日期	

二、做好带团总结

地陪在工作中出现一些失误是在所难免的,重要的是引以为戒,因此带团总结显得十分重要。地陪应认真细致进行带团总结,实事求是地汇报接团情况。接待工作中的成功经验和失败教训可以使自己更清楚地认识到自身的长处和不足,这样才能不断完善自我。

三、做好收尾工作

地陪应在旅行社规定的时间内整理好旅游过程中发生的账目票据和表单,及早与财务部门结清账目,相关单据有旅游团(者)费用结算单、借款凭证、旅游团队报账单等,及时归还从旅行社借出的耳麦、导游旗等物品。如有游客委托事宜,应尽快按照程序办理。

任务1　整理带团记录

❋ 任务导入

　　2013 年 5 月 13 日 19：00，地陪张芸送走了旅游团队之后，开始整理带团记录，填写旅行社地陪记录表（见表 3-2）。

❋ 任务实施

1. 填写旅行社地陪记录表

表 3-2　旅行社地陪记录表（样本）

团　号			地　陪		电　话	
线路名称			起止时间			
团队情况	游客总人数：　　男　　女			其中儿童：		
组团情况	组团社			电　话		
	全陪导游			电　话		
团队变更、自费项目及其他需要说明的情况						
导游履行安全责任情况						
行程情况记录	入住酒店情况					
	游客用餐情况					
	交通工具情况					
	景点安排情况					
	导游服务情况					

地陪导游：　　　　　　　　　　　　　　　　　　　　年　　月　　日

导游小贴士　　　　通常在带团记录中应包括以下内容:旅游团名称,人数、抵离时间、全程路线;旅游团成员基本情况;服务项目变更情况;旅游服务提供情况;旅游事故发生后的处理情况等。

任务 2 做好带团总结

❋ 任务导入

　　2013 年 5 月 13 日 19:30,地陪张芸填写好地陪记录表之后,开始撰写带团总结。

❋ 任务实施

1. 撰写带团总结

① 团队基本情况:_____

_____

② 游客表现:_____

_____

③ 旅游服务落实安排情况:_____

_____

④ 旅游事故处理情况:_____

_____

⑤ 游客的评价和建议:_____

_____

⑥ 工作体会:_____

_____

任务3　做好收尾工作

※ 任务导入

2013年5月14日10:00,地陪张芸整理旅游团(者)费用结算单、借款凭证等资料,填写有关单据,到旅行社财务处报销(见表3-3～3-5)。

※ 任务实施

1. 整理票据,填写旅游团费用结算单

表3-3　旅游团(者)费用结算单

团 员				人 数	成人: 人
国 籍		领 队			(男: 女:)
全 陪					儿童: 人
抵离时间	抵 月 日 时 分,火车 飞机 汽车,离 月 日 时 分				
项目			拨款结算		
			天 数	单 价	人 数	金 额
综合服务费拨款						
用 餐	早餐					
	中餐					
	晚餐					
	风味					
房 费	用房数					
	加床					
	陪同					

续表

门 票	紫金山				
	中山陵				
	秦淮河—夫子庙观光带				
	总统府				
	玄武湖				
	鼋头渚				
	灵山大佛景区				
	虎丘				
	留园				
	拙政园				
	上海浦东陆家嘴				
	上海外滩				
交通费用	包车				
	(乘坐)飞机、火车、轮船去下一地				
	订、送票手续费				
	外宾行李托运费				
拨款合计	元				
备 注	请于团队到达之前将团款汇入我社账号或现付,谢谢配合!				

导游小贴士

　　地陪要根据带团过程中的开支情况仔细填写旅行社的报账单,按门票、餐费发票、房费发票、交通费和车费发票分类粘贴好所有的发票,以及与车队、酒店、餐厅的签单凭证,交旅行社计调人员,计调人员会同营销人员审核签字认可后,交总经理(或总经理授权的相关人员)审批,审批后的票证交旅行社财务部门报账和备案。在报账单中,地陪应填写以下内容:① 开支项目;② 开支地点;③ 开支时间;④ 开支金额。如果在带团过程中发生了意外开支,地陪要详细注明增加费用的原因及处理过程。

2. 填写借款凭证

表3-4　借款凭证

借款人：　　　　　　　　　　　　　　　　付款人：

借款人姓名		借款日期	月　　　日	报销日期	月　　　日
事　由		备用金			
领导批示		金　额			

3. 填写旅游团队报账单

表3-5　旅游团队报账单

团　号			人　数	
领　队			全　陪	
应收款				
应付款	内　容		金　额	
备　注				
预支款		余　额	计　调	

> **导游小贴士**
>
> 地陪回到本社后,应在三天内整理好旅游团(者)费用结算单、借款凭证、接待计划、旅游团(者)意见反馈单,带团小结,填好旅游团队报账单,并与餐饮票据、门票存根等有关票据经计调审核后交财务部,总经理签字后结算。

项目拓展

1. 导游员带团时应如何理财?

案例:每次下团到旅行社结账对导游员小雪来说都是一件痛苦的事,一堆的票据、签单算得她头晕,而且很少一次能算得准、对上账,旅行社的会计总批评她,每到这时小雪都很委屈,心想:"我又不是学会计的,有疏漏很正常嘛!"

_____

_____

_____

_____

2. 旅游团队旅行中如果发生重大交通事故,地陪在善后阶段应做好哪些工作?

_____

_____

_____

_____

导游资料库

经济实惠、机动灵活的服务项目[1]

单项委托是指旅行社根据游客的具体要求而提供的各种有偿服务。旅旅行社提供的单项服务主要有导游服务、接送服务、订房服务、订票服务、订车服务、代订参观游览服务、代办签证服务、代办旅游全员保险服务、提取及托运行李服务、全程陪同服务等。

组合旅游是指介于团队旅游和散客旅游之间,游客分别从不同的地方来到旅游目的地,然后由当地事先确定的旅行社组织活动。组合旅游具有以下特点:组合旅游团内无领队;组团时间短,游客只要办妥手续后,最多一周之内即可成行;易于成行,改变过去不足10人不成团的做法;游客选择性强,既可参加团队活动,也有相当多的自由时间。

---

[1] 胡华:《导游实务》,旅游教育出版社,2012年,第156页。

模块四　景区综合导游

　　通过前面三个模块的学习,同学们已经了解了导游接团、参观游览、送站服务的基本程序和方法。模块四将以镇江二日游为例,进入景区,进行实景综合导游实操训练。这一部分将是对前面所学知识、技巧的综合运用。

　　2012 年 9 月 26 日,镇江神龙国际旅行社地陪朱丽接受镇江神龙国际旅行社的委派,负责接待一个由杭州风华旅行社发出的旅游团队,接待计划见表 4-1。

表 4-1　镇江神龙国际旅行社接待计划

旅游单位	杭州星海文化传媒公司			团号	HZFH-TD-120927		
游客人数	共 15 人(男:8　女:7)						
订餐标准	早:自助餐 20 元/人　中:50 元/人　晚:80 元/人(均不含酒水)						
订房标准	四星:8 间(双人:7 间　单人:1 间)共 1 晚(均为朝北高层江景房)						
往返航班(车次)/时间				汽车团			
接团时间和地点	2012 年 9 月 27 日 11:00 地陪与全陪商定			送团时间和地点	2012 年 9 月 28 日 18:00 自行商定		
组团社	杭州风华旅行社	联系人		魏明	电话/传真	1356712＊＊＊＊	
地陪导游	朱丽	电话	1380610＊＊＊＊	全陪导游	林海	电话	1398989＊＊＊＊
行程摘要	时间	行程安排				住宿宾馆	
	9 月 27 日	接站,领略镇江城市风光,用午餐,餐后参观金山、西津渡景区,晚入住酒店				北湖宾馆	
	9 月 28 日	早餐后,镇江焦山、北固山观光,午餐后参观南山景区					
司机	赵建国	电话	1398980＊＊＊＊	车牌号	浙 A 902＊＊＊(31 座金龙客车)		
备注							

旅行社(章):镇江神龙国际旅行社　　　计调:陈萍　　　导游:朱丽　　　时间:2012/9/27

项目一

金山综合导游

项目概述

金山是镇江的代表景区,也是游客来到镇江旅游的必选之地。为了确保旅游团队在金山景区的游览质量,导游员需要提前熟悉前往金山景区的行车路线和景区游览路线,掌握沿途风光介绍知识及主要景点知识。

项目目标

1. 知识目标

掌握前往金山景区的行车路线,熟悉沿途的主要风光知识;掌握金山景区的游览路线及主要景点知识。

2. 技能目标

能撰写金山景区导游讲解词;能对金山主要景点独立进行讲解;能妥善处理游览过程中的各种问题。

3. 素质目标

培养较为扎实的人文综合素养;培养爱岗敬业的服务意识;培养灵活应变的职业素质。

知识准备

一、景区概况

金山位于镇江市区西北,距市中心约3公里,高44米,绕山一周520米,占地面积 100000 平方米。金山原来是长江中的一个岛屿，有"江心芙蓉"之称，到清朝同治年间金山与长江南岸相连。相传唐代法海禅师在此开山得金，故名金山。

金山寺始建于东晋，原名泽心寺，宋真宗敕改龙游寺，清康熙南巡时赐名江天禅寺，通称金山寺。金山寺的建筑，在布局上富有独特风格，庙宇依山而建，山和寺相互辉映，浑然一体，再加上慈寿塔高高地耸立在金山之上，给人拔地而起的感觉，山是一座庙，庙是一座山，所以有"金山寺裹山"之说。

慈寿塔又名金山塔，位于金山西北峰顶，始建于南朝齐梁，历经兴毁。现塔建于清光绪年间，为庆祝慈禧 60 岁生日而建。塔高 30 米，砖木结构，八面七级，上下通行，每一层都有走廊和栏杆，四面通风，面面有景。慈寿塔玲珑、秀丽、挺拔，立于山顶之上，和整个金山寺配合得恰到好处。金山还有法海洞、留云亭、妙高台、七峰亭、白龙洞、御码头等胜迹。

金山自唐代起就驰名中外。中外游人登山游览者络绎不绝。清代皇帝康熙、乾隆多次南巡，驻跸金山，留下不少"御制"文物，有关乾隆在金山的民间故事传说甚多，使金山更负盛名。历代诗人、书法家、名人雅士，如白居易、李白、张祜、苏东坡、王安石、沈括、范仲淹、赵孟頫、王阳明等登临观景，留下了许许多多珍贵的遗迹和脍炙人口的题咏。

金山还被称为"神话山"，民间流传着许多关于金山的美丽动人的传说，家喻户晓的"白娘子水漫金山寺"就源出于此，"梁红玉击鼓战金山"的故事也发生在这里，《说岳全传》、《水浒》、《西游记》等小说都写到过金山，这些都为这座名山增添了神秘的色彩。

二、主要游览路线

1. 游览线路 1

停车场—景区大门—山门—天王殿—大雄宝殿—七峰亭—法海洞—慈寿塔—留云亭—妙高台—白龙洞

2. 游览线路 2

停车场—景区大门—山门—天王殿—大雄宝殿—妙高台—留云亭—慈寿塔—法海洞—七峰亭—白龙洞

三、游览注意事项

（1）金山寺为佛教寺庙，寺内需保持安静，严禁使用扩音设备进行讲解。

（2）金山寺登山道较为狭窄，游客应穿着轻便的鞋子，小心行走。

（3）金山景区内有出售香烛的商贩，不想购买请勿随意讨价还价，以免发生矛盾。

任务1 沿途导游

✳ 任务导入

2012 年 9 月 27 日 13:30,地陪朱丽带领旅游团由餐厅前往金山风景区,并在旅游巴士上做沿途导游。

✳ 任务实施

1. 简单介绍当日行程

① 介绍主要行程:_____

_____

② 说明注意事项:_____

2. 金山风景区简介

_____

_____

_____

> **导游小贴士**　　　景区概况讲解可在车上进行,也可在到达景区后进行,应视行车时间、游客状况、景区布局等具体情况而定。一般景区概况的讲解内容可包括景区规模、地位、历史、名人典故等。

3. 沿途风光介绍

① 城市风貌:_____

_____

② 途经的旅游景点: _____

_____

③ 游客感兴趣的事物: _____

_____

任务2 金山景区讲解

❋ 任务导入

2012年9月27日14:00,地陪朱丽和全陪林海带领旅游团进入金山景区大门,并为游客讲解金山景区(图4-1~4-4)。

图4-1 金山景区大门

❋ 任务实施

1. 讲解金山概况

① 金山的地理特征:_____

_____

_____

② 金山寺的历史:_____

_____

_____

③ 金山寺的建筑特色：_____

_____

_____

④ 历代造访金山的名人：_____

_____

_____

> 　　建筑特点就是建筑的特征,比如外形、结构、材料、风格 **导游**
> 等种种特征,综合起来就是它的特点。建筑特点也受某时期 **小贴士**
> 的设计风潮和上层建筑影响,如东方建筑——中国古代建
> 筑。中国古建筑从总体上说是以木结构为主,以砖、瓦、石为辅发展起来的。
> 从建筑外观上看,每个建筑都由上、中、下三部分组成。上为屋顶,下为基
> 座,中间为柱子、门窗和墙面。在柱子之上屋檐之下还有一种由木块纵横穿
> 插,层层叠叠组合成的构件叫做斗拱。这是以中国为代表的东方建筑所特
> 有的构件。它既可承托屋檐和屋内的梁与天花板,又具有较强的装饰效果。

2. 讲解金山寺山门

图4-2　金山寺山门

① 山门的功能：_____

_____

_____

② 山门的位置：_____

_____

③ 山门匾额及寺名的变更：_____

_____

④ 山门前的一对石狮：_____

_____

_____

导游
小贴士　　　　如团队中有游客需要进香祈福,可在金山寺山门门口广
场处进行。导游员可根据游客需要,给予适当的礼仪指导。

3. **讲解金山天王殿**

① 天王殿的功能：_____

_____

_____

② 天王殿的主要供奉对象：_____

_____

_____

4. **讲解金山大雄宝殿**

① 大雄宝殿的建筑特色：_____

_____

_____

② 历史沿革:_____

_____

_____

③ 功能:_____

_____

_____

④ 主要供奉对象:_____

_____

_____

　　大雄宝殿是佛寺中最重要的建筑,因此需要保持庄严肃穆的佛教氛围。导游员带领游客进入大雄宝殿后的讲解应轻声细语,不能使用扩音设备,同时要注意讲解中不能含有侮辱、诋毁宗教的内容。 **导游小贴士**

5. 讲解金山七峰亭

① 七峰亭建筑特色:_____

_____

_____

② 主要典故:_____

_____

_____

　　满江红(宋 岳飞):怒发冲冠,凭栏处、潇潇雨歇。 抬望眼,仰天长啸,壮怀激烈。三十功名尘与土,八千里路云和月。 莫等闲、白了少年头,空悲切。 靖康耻,犹未雪。臣子恨,何时灭! 驾长车,踏破贺兰山缺。壮志饥餐胡虏肉,笑谈渴饮匈奴血。待从头收拾旧河山,朝天阙! **导游小贴士**

6. **讲解金山法海洞**

① 法海生平：_____

_____

_____

② 法海洞内的景观：_____

_____

_____

7. **讲解金山慈寿塔**

图4-3　慈寿塔

① 历史沿革：_____

_____

_____

② 建筑特色：_____

_____

_____

③ 有关慈寿塔的传说典故：_____

_____

_____

8. 讲解金山留云亭

图4-4　留云亭

① 建筑特色：_____
_____
_____

② 有关留云亭的传说典故：_____
_____
_____

9. 讲解金山妙高台

① 建筑特色：_____
_____
_____

② 有关妙高台的传说典故：_____
_____
_____

10. 讲解金山白龙洞

① 有关白龙洞的传说故事：_____

_____

_____

② 白龙洞的景观：_____

_____

_____

项目拓展

1. 如果游客在登山过程中摔伤骨折怎么办？

_____

_____

_____

_____

_____

2. 如果你的团队中有游客当着其他游客的面指出你讲解中的明显错误，你会怎么处理？

_____

_____

_____

_____

_____

导游资料库

导游员应练就"五功"①

导游员只有凭借优秀的口才、学识和服务，才能在旅游舞台演出一幕幕的喜剧。因此，真才实学是衡量导游水平的根本，也是优秀导游所必备的才能。每个导游员一定要苦练本领，组织得法，沟通有方，动之以情，处之以礼，方能彰显出导游员的独特风采，被游客接受。导游员要想提高自身的思想与业务水平，就必须积极、主动地掌握"五功"。

一、组织管理之细功

游客是否"听话"，自觉服从指挥，很大程度决定于导游员的号召力、感染力和凝聚力。因此，对游客讲话，要充满爱心与真诚，讲深情的话、生动的话、准确的话、及时的话、肯定的话，不讲模棱两可的话、生硬的话、似是而非的话、大概可能也许之类的话、粗鲁的话。"话是开心的钥匙"，讲话应有学问、有文章、有艺术，导游员要认真研究自己的组织安排活动，如发布信息、提出要求、进行讲评、说明日程、沿途导游、介绍景点、猜谜语、做游戏等，所有活动的组织讲解既要严肃认真，活泼有趣，又要晓之以情，动之以礼。只有处处、事事从维护游客的利益出发，一切从"细"字着手，细致入微，以细动人，其用心之动，细腻之功，方可在接待工作上锦上添花，使其异彩纷呈。组织管理中最忌粗枝大叶，马马虎虎，说做不一，满不在乎。切记：感人之处在细节，动人之处在细功。

二、导游口才之真功

口才乃导游员生存之本。"口才决定成功，沟通改变人生"已成为当今时尚流行词，此话不无道理。没有口若悬河，出口成章，能言善辩，巧舌灵嘴的本事，那导游员就是不称职的。口才真功夫是导游必备的"饭碗"，这个功夫不是一天练就的，而要靠长期艰苦的努力，才可出类拔萃，脱颖而出。练就口才真功靠理想、靠雄心、靠毅力、靠坚持是唯一出路，下的力气越大，

---

① http://www.jztour.net/items 1546.html

功夫才能练得越好,正所谓"只要功夫深,铁杵磨成针"。

现在一些导游员要么说起来振振有词,但缺乏埋头苦干的劲头;要么心血来潮练一阵子,没有督促检查,也就自生自灭了。其实想的再好,态度再棒,没有实际行动等于零。有的导游干了两三年了,水平没有根本提高,有的专职导游员与兼职导游员毫无区别,问题就出在缺乏"练造"上,谁付出了别人不肯付出的努力,谁就一定领先,一定超人,一定大有作为。没有"吃得三冬寒,耐得三伏暑"的吃苦精神,练好口才必然是一句空话。

三、善于沟通之心功

在为游客的服务中,矛盾的普遍存在,决定了导游员必须进行有效、及时的沟通,方可化怒为喜、化悲为乐、化难为易、化险为夷、化争为和、化散为聚,因此导游员要加强沟通服务的修养与技能,善于察言观色,善于将心比心,巧以说明,化解矛盾。这里面有技巧,但更重要的是要有一颗真挚的爱心,视游客为亲人,坚持高标准服务,才可能化解矛盾,成为游客的"贴心人"。面对游客上车抢座、不讲卫生、意见不统一、对餐饮不满意、对游览没兴趣、上车睡觉、进酒店高声喧哗等问题,只有想出办法,才能使问题迎刃而解。

四、优质服务之内功

优质服务是旅游业的生命线。导游员担负着"民间大使"、"友谊桥梁"的神圣职责,优质服务是导游员必须遵守的原则。优质服务不是说说而已的事,而是要在一言一行,一举一动中,在提供的多种服务中,展现出导游员独特的风采和人格魅力。这个内功要天天练、日日练、年年练,才可练得炉火纯青,做到身与心,说与行完美地结合,服务上周到细致,语言上感人至深,举止上谦虚亲切,行动上干净利落,导游员倾注了满腔热血,才能换来游客的欢欣和快乐。我们应当看到,服务的内容不仅包括微笑服务、周到服务、热情服务、主动服务、上门服务,也包括延伸服务、惊喜服务、超值服务、回访服务、补偿服务等,服务要掌握技巧,随机应变。不仅要耐心礼貌,热情友好,还要真诚公道,信誉第一;不仅要不卑不亢,一视同仁,还要相互合作,顾全大局;不仅要严于律己,为人师表,还要遵纪守法,廉洁奉公。无论何时何地,导游员都要把"五大员"的任务牢记心上,即导游讲解员、生活服务员、政策宣传员、市场调查员、行动安全员,这是练好"内功"的基础。优质服务的"内功"不单单指要有好的服务态度,还要有丰富广博的知识和应对突发事件的能力,你才会在优质服务中创造辉煌的成绩。

五、敬业爱岗之韧功

优秀的导游员无不是敬业爱岗,忠于职守的模范。导游员的职业不受年龄所限,只要身体没问题,一直可以干到银发飘飘时。导游员的名称是光荣的、自豪的、令人羡慕的;导游员的责任是重大的、神圣的、受人尊敬的;导游事业是宽广的、无限的、星光灿烂的。唯有敬之、爱之、坚韧不拔、不懈奋斗,才会创造卓越,创造完美,创造成功,创造人生最美的凯歌。攀登靠勇气,追求无止境,要成为有志有为的优秀导游员,就要迎风雨,迎艰难,抛弃个人得失,面对"旅游污染",保持坚定正确的政治方向,在学习的天地尽情驰骋,在服务的领域精耕细耘,做到"对市场不抱怨,对现状不灰心,对工作不消极,对困难不气馁",不说空话,脚踏实地,只有这样才能成为政治过硬、业务过硬、服务过硬、语言过硬的优秀导游员。

项目二

焦山综合导游

项目概述

焦山位于镇江城区东北,是一个风光秀美、文化深厚的长江小岛。为了确保旅游团队在焦山景区的游览质量,导游员需要提前熟悉前往焦山景区的行车路线和景区游览路线,掌握沿途风光介绍知识及主要景点知识。

项目目标

1. 知识目标

掌握前往焦山景区的行车路线,熟悉沿途的主要风光知识;掌握焦山景区的游览路线及主要景点知识。

2. 技能目标

能撰写焦山景区导游讲解词;能对焦山主要景点进行独立讲解;能妥善处理游览过程中的各种问题。

3. 素质目标

培养较为扎实的人文综合素养;培养爱岗敬业的服务意识;培养灵活应变的职业素质。

知识准备

一、景区概况

焦山位于镇江市区东北4.5公里的长江之中,高71米,周长2公里,占地

380000 平方米。古时只有樵夫渔民出入此山,故名樵山。后因东汉末年隐士焦光曾隐居于此,后改名为焦山。又因满山树木葱茏,宛如碧玉浮江,又名浮玉山。

焦山峨崖峭壁,确有"中流砥柱"的雄伟气概。其山水天然真实,古朴幽雅,向以古树名碑饮誉遐迩。寺庙建筑掩映于山阴云林之中,素有"焦山山裹寺"的说法。

焦山的名胜主要有定慧寺、御碑亭、焦山碑林、古炮台、三诏洞、别峰庵、摩崖石刻等。最为著名的是焦山碑林、摩崖石刻和古炮台。

焦山碑林又名宝墨轩,位于定慧寺东。这里收藏了六朝以来历代碑刻460 多方,内容极为丰富,艺术价值很高,为江南第一大碑林。其中最引人注目的是单独陈列保护的《瘗鹤铭》碑,曾被宋代大书法家黄庭坚推崇为"大字之祖",与北方的《石门铭》并称为"天下二铭"。此外,焦山碑林中还有《魏法师碑》等书法珍品,以及颜真卿、苏东坡、米芾、文徵明、郑板桥等名家的手迹碑刻。焦山碑林所收藏的历史碑刻,无论在史料和书法、艺术等方面都有很高的价值,吸引了众多的国内外游客。焦山因此又被称为"书法山"。

摩崖石刻在焦山西南侧沿江的浮玉、栈道、观音等陡岩上。现保存自六朝到明清历代文人墨客留下的题刻 100 余处,内容丰富,形式多样,字体有真、草、篆、隶,犹如古代书法展览,其中最为引人注目的是宋代爱国诗人陆游踏雪看《瘗鹤铭》的游记,石刻虽历经 800 多年,但文字尚清晰可见,是一件珍贵的文物。

焦山古炮台是清政府在鸦片战争中为加强长江防备而建。炮台位于焦山东侧,共有暗炮堡九座,整体呈扇形,有炮口、炮门和营墙、弹药库。1842年,英军舰侵入长江时,遭到焦山清军的英勇抵抗,沉重地打击了英军的嚣张气焰。革命导师恩格斯对此称赞道:"如果这些侵略者到处都遭到同样的抵抗,他们绝对到不了南京。"焦山古炮台是我国近代反帝斗争的重要遗址,也是镇江人民英勇抗击外国侵略者的见证。

二、主要游览路线

1. 游览线路 1
景区大门—渡口—定慧寺—焦山碑林—古炮台—别峰庵—万佛塔—三诏洞—摩崖石刻

2. 游览线路 2
景区大门—渡口—摩崖石刻—三诏洞—万佛塔—别峰庵—古炮台—焦山碑林—定慧寺

三、游览注意事项

（1）焦山为江中小岛，需乘坐渡船上岛，游客需注意安全。

（2）定慧寺为佛教寺庙，寺内严禁使用扩音设备，参观佛寺需注意礼仪规范。

（3）焦山山道狭窄湿滑，游客应穿着轻便的鞋子，小心行走。

（4）焦山景区珍贵文物较多，游客要爱护文物，注意保护。

任务1　沿途导游

❋ 任务导入

2012 年 9 月 28 日 8:30,地陪朱丽带领旅游团由北湖宾馆前往焦山风景区,并做沿途导游。

❋ 任务实施

1. 简单介绍当日行程

① 向游客问好:_____

② 介绍主要行程:_____

_____

③ 说明注意事项:_____

_____

2. 焦山风景区简介

_____

_____

_____

_____

3. 沿途风光介绍

① 城市风貌:_____

_____

② 途经的旅游景点: _____

_____

③ 游客感兴趣的事物: _____

_____

任务2 焦山景区讲解

✳ 任务导入

2012年9月28日9:00,地陪朱丽和全陪林海带领旅游团进入焦山景区大门,并为游客讲解焦山风景区(图4-5～4-8)。

图4-5 焦山风景区大门

1. 讲解焦山概况

① 地理特征:_____

_____

_____

② 建筑特色:_____

_____

_____

③ 佛教文化:_____

_____

_____

④ 碑刻文化：_____

_____

_____

⑤ 历代名人：_____

_____

_____

2. 讲解焦山定慧寺

① 山门广场：_____

_____

_____

图 4-6　山门广场

② 天王殿：_____

_____

_____

③ 大雄宝殿：_____

_____

_____

_____

_____

定慧寺是江苏省最古老的佛寺之一,寺名具有深厚的佛教文化内涵,历代高僧辈出。这些都是导游员在讲解时应重点介绍的内容。另外,定慧寺大雄宝殿内供奉的佛像与一般寺庙有一些不同,导游员在讲解时应予以注意。

导游小贴士

3. 讲解焦山碑林

图4-7　御碑亭

① 历史沿革:_____

_____

_____

② 碑刻文化:_____

_____

_____

③ 重点碑刻:_____

_____

_____

④ 趣闻轶事:_____

_____

_____

碑刻,泛指刻有文字的石头,一般为方形。最早的碑刻文字,首推秦朝的"石鼓文"。碑刻主要用来记事颂德,也有用来刻像的。碑刻上留下了历代书法家的真迹,具有珍贵的艺术价值。

4. 讲解焦山古炮台

图4-8　抗英古炮台

① 抗英战争故事:＿＿＿＿＿＿＿＿＿＿＿＿＿＿＿＿＿＿

＿＿＿＿＿＿＿＿＿＿＿＿＿＿＿＿＿＿＿＿＿＿＿＿＿＿＿＿＿

② 历史价值:＿＿＿＿＿＿＿＿＿＿＿＿＿＿＿＿＿＿＿＿＿

＿＿＿＿＿＿＿＿＿＿＿＿＿＿＿＿＿＿＿＿＿＿＿＿＿＿＿＿＿

③ 炮台的结构及建筑技术:＿＿＿＿＿＿＿＿＿＿＿＿＿＿

＿＿＿＿＿＿＿＿＿＿＿＿＿＿＿＿＿＿＿＿＿＿＿＿＿＿＿＿＿

5. 讲解焦山万佛塔

① 历史沿革:＿＿＿＿＿＿＿＿＿＿＿＿＿＿＿＿＿＿＿＿＿

② 建筑特色：_____

_____

6. 讲解焦山别峰庵

① 郑板桥生平：_____

_____

② 郑板桥在焦山的故事：_____

_____

③ 别峰庵室内陈设：_____

_____

　　扬州八怪是清代中期活动于扬州地区一批风格相近的书画家总称，或称扬州画派，代表人物有金农、汪士慎、黄慎、李鱓、郑燮、李方膺、高翔、罗聘。

导游小贴士

7. 讲解焦山三诏洞

① 焦光生平：_____

_____

② "三诏不起"的历史故事：_____

_____

③ 隐士文化：_____

_____

_____

8. 讲解焦山摩崖石刻

① 历史沿革：_____

_____

_____

② 重点石刻：_____

_____

_____

③ 历史故事：_____

_____

_____

项目拓展

1. 请查阅资料，列举中国八大碑林，指明分别位于哪个省哪个市？

_____

_____

_____

_____

_____

_____

导游资料库

西安碑林①

　　西安碑林博物馆位于西安市文昌门内三学街15号,原为陕西省博物馆,建于1944年,它是在具有900多年历史的"西安碑林"基础上,利用西安孔庙古建筑群扩建而成的一座以收藏、研究和陈列历代碑石、墓志及石刻造像为主的艺术博物馆。馆区由孔庙、碑林、石刻艺术室三部分组成,现有馆藏文物11000余件,11个展室,陈列面积4900平方米。博物馆本身即为孔庙旧址,其建置可追溯到北宋末年。照壁、牌坊、泮池、棂星门、华表、戟门、碑亭、两庑等明清建筑保存至今,并遵循着孔庙固有的建筑格局,组成了一个绿树掩映、古朴典雅的庭院式建筑群。

---

　　① http://www.beilin_museum.com/contents/45/976.html

项目三

南山综合导游

项目概述

　　南山是镇江的"城市绿肺",著名的"城市山林",国际森林公园。为了确保旅游团队在南山景区的游览质量,导游员需要熟悉前往南山景区的行车路线和景区游览路线,掌握沿途风光介绍知识及主要景点知识。

项目目标

1. 知识目标
　　掌握前往南山景区的行车路线,熟悉沿途的主要风光知识;掌握南山景区的游览路线及主要景点知识。
2. 技能目标
　　能撰写南山景区导游讲解词;能对南山主要景点进行独立讲解;能妥善处理游览过程中的各种问题。
3. 素质目标
　　培养较为扎实的人文综合素养;培养爱岗敬业的服务意识;培养灵活应变的职业素质。

知识准备

一、景区概况

　　南山风景区位于镇江市区南侧。随着镇江城市规模的不断扩大,不久将位于镇江城市的中心区域。南山风景区由招隐山、黄鹤山、夹山、九华山等组成,面积达 18 平方公里,是国家森林公园及江苏省省级风景名胜区。风景区内青山连绵,绿树葱郁,森林覆盖率达到了 73%,为镇江提供新鲜的空气,是镇江市区的"肺"。

南山风景区群山逶迤、层峦叠嶂,流水潺潺、鸟语花香。古朴幽深、素雅明朗的自然风光吸引了历代名流雅士前来游览、居住,留下了许多传世的佳作、不朽的名篇,也留下了珍贵的古迹、动人的佳话。

六朝以后,南山的名声渐起。南朝梁代昭明太子曾广邀天下贤才,在南山招隐寺增华阁编纂了中国文学史上第一部诗文选集——《昭明文选》;南朝宋时著名雕塑家、音乐家戴颙隐居在招隐山中,谱成了《广陵》、《游弦》、《止息》三首古曲;北宋大书画家米芾、米友仁父子在这里开创了山水画新技法——"泼墨"法,人称"米氏云山";北宋大诗人苏东坡在鹤林寺留下了"苏公竹院"遗迹;北宋哲学家、文学家周敦颐则留下了"茂叔莲池"等古迹。

南山是镇江的灵魂。山在城里,城在山中,"城市山林"是镇江的美称,这个美称的由来,则于南山密切相关。

南山风景区以"秀山、古寺、甘泉、奇洞、鸣鸟、幽林、古墓"七绝而闻名。

二、主要游览路线

游览线路:停车场—景区大门—文苑景区—竹林寺景区—招隐寺景区

三、游览注意事项

(1)南山的竹林寺和招隐寺均为佛教寺庙,寺内严禁使用扩音设备。

(2)南山登山道较为狭窄,游客应穿着轻便的鞋子,小心行走。

(3)南山风景区为国家森林公园,公园内严禁烟火,严禁一切破坏生态环境的行为。

任务 1 沿途导游

✳ 任务导入

2012 年 9 月 28 日 13:00,地陪朱丽带领旅游团用完午餐,乘坐旅游巴士前往南山风景区,并在途中做沿途导游。

✳ 任务实施

1. 简单介绍当日行程

① 介绍主要行程:＿＿＿＿＿＿＿＿＿＿＿＿＿＿＿＿＿＿

＿＿＿＿＿＿＿＿＿＿＿＿＿＿＿＿＿＿＿＿＿＿＿＿＿＿

② 说明注意事项:＿＿＿＿＿＿＿＿＿＿＿＿＿＿＿＿

2. 南山风景区简介

＿＿＿＿＿＿＿＿＿＿＿＿＿＿＿＿＿＿＿＿＿＿＿＿＿＿

＿＿＿＿＿＿＿＿＿＿＿＿＿＿＿＿＿＿＿＿＿＿＿＿＿＿

＿＿＿＿＿＿＿＿＿＿＿＿＿＿＿＿＿＿＿＿＿＿＿＿＿＿

3. 沿途风光介绍

① 城市风貌:＿＿＿＿＿＿＿＿＿＿＿＿＿＿＿＿＿＿＿

＿＿＿＿＿＿＿＿＿＿＿＿＿＿＿＿＿＿＿＿＿＿＿＿＿＿

② 途经的旅游景点:＿＿＿＿＿＿＿＿＿＿＿＿＿＿＿＿

＿＿＿＿＿＿＿＿＿＿＿＿＿＿＿＿＿＿＿＿＿＿＿＿＿＿

③ 游客感兴趣的事物:＿＿＿＿＿＿＿＿＿＿＿＿＿＿

＿＿＿＿＿＿＿＿＿＿＿＿＿＿＿＿＿＿＿＿＿＿＿＿＿＿

任务 2　南山景区讲解

任务导入

　　2012 年 9 月 28 日 14:00,地陪朱丽和全陪林海带领旅游团进入南山景区大门,朱丽为游客讲解南山风景区(图 4-9 ~ 4-13)。

图 4-9　南山景区正门

任务实施

1. 讲解南山概况

① 地理特征:＿＿＿＿＿＿＿＿＿＿＿＿＿＿＿＿＿＿＿＿＿＿＿＿

＿＿＿＿＿＿＿＿＿＿＿＿＿＿＿＿＿＿＿＿＿＿＿＿＿＿＿＿＿＿

＿＿＿＿＿＿＿＿＿＿＿＿＿＿＿＿＿＿＿＿＿＿＿＿＿＿＿＿＿＿

② 文化特色:＿＿＿＿＿＿＿＿＿＿＿＿＿＿＿＿＿＿＿＿＿＿＿＿

＿＿＿＿＿＿＿＿＿＿＿＿＿＿＿＿＿＿＿＿＿＿＿＿＿＿＿＿＿＿

＿＿＿＿＿＿＿＿＿＿＿＿＿＿＿＿＿＿＿＿＿＿＿＿＿＿＿＿＿＿

③ 历代造访南山的名人:＿＿＿＿＿＿＿＿＿＿＿＿＿＿＿＿＿＿＿

_____

_____

2. 讲解文苑景区

图 4-10　文　苑

① 文苑:_____

_____

_____

_____

图 4-11　赵伯先墓

② 赵伯先墓:_____

_____

_____

_____

导游
小贴士

1911年4月27日下午5时30分,黄兴率120余名敢死队员直扑两广总督署,发动了同盟会的第十次武装起义——广州起义。其中72人的遗骸由潘达微等出面收葬于广州东郊红花岗。潘达微并把红花岗改名为黄花岗,这次起义因而被称为"黄花岗起义"。赵伯先任此次起义的总指挥。

3. 讲解竹林寺景区

① 竹林寺的历史:_____

_____

_____

② 建筑特色:_____

_____

4. 讲解招隐寺景区

图4-12 招隐景区山门

① 景区概况:_____

_____

_____

_____

_____

② 增华阁:_____

_____

_____

③ 听鹂山房:_____

_____

_____

④ 虎跑泉:_____

_____

_____

图 4-13   虎跑泉

项目拓展

1. 游客在南山风景区游览过程中随意攀折景区花木,导游员应如何处理?

_____

_____

_____

_____

2. 南山是一座充满文化底蕴的山,它因《昭明文选》而名动天下,但普通游客往往对这本书不太感兴趣,导游员应如何通过自己的讲解吸引游客呢?

_____

_____

_____

导游资料库

"寿比南山"的由来

寿比南山,是给老人祝寿时常用的颂语。南山指的是山东青州境内风景幽静的云门山,因其坐落在城南,故称南山。山上有一个大"寿"字,是明代嘉靖年间衡王府管家周全所写,字高7.5米,宽3.7米。人们常用"人无寸高"一词来形容"寿"字之大。如果你攀上去,脚蹬"寿"字底部"寸"的勾,你的头部也到不了"寸"字的顶,仅"寸"字就有2.3米高。"寿"字笔锋若龙飞天门,气势雄伟,异常壮观。字首指云天,它脚踏壁底,"寿"与山融为一体,真可谓"寿是一座山,山为一个寿。"人们希望寿命像山一样长久,故有"寿比南山"的颂语。

项目四

西津渡景区导游

项目概述

为了确保旅游团队在西津渡景区的游览质量,导游员需要熟悉前往西津渡景区的行车路线和景区游览路线,掌握沿途风光介绍知识及主要景点知识。

项目目标

1. 知识目标

掌握前往西津渡景区的行车路线,熟悉沿途的主要风光知识;掌握景区的游览路线及主要景点知识。

2. 技能目标

能撰写西津渡景区导游讲解词;能对西津渡景区主要景点进行独立讲解;能妥善处理游览过程中的各种问题。

3. 素质目标

培养较为扎实的人文综合素养;培养爱岗敬业的服务意识;培养灵活应变的职业素质。

知识准备

一、景区概况

西津渡古街始建于六朝,目前街内保存着六朝至清朝的古迹,有"西津渡街"题额、救生会、砖砌券门、元代石塔、待渡亭、观音洞、西津古渡口、街面古建筑等。西津渡古街风貌独特,古迹众多,历史悠久,气势古朴,为国内外旅游、考古者所注目。英籍华人、著名女作家韩素英女士来这里游览后赞叹说:"漫步在这条古朴典雅的古街道上,仿佛是在一座天然历史博物馆内散步。这里才是镇江旅游的真正金矿。"中国文物学会会长罗哲文称赞这里是"中国古渡博物馆"。1998 年以来,镇江市对西津渡古街部分建筑进行了抢修,其中昭关石塔、观音洞、救生会旧址三个项目获 2001 年度联合国教科文组织亚太地区文化遗产保护杰出项目奖。

英国领事馆是 19 世纪中叶建造的,为一组五幢房子组成的西式建筑群。目前是镇江博物馆馆舍的组成部分。镇江博物馆是国内地市级博物馆中藏品最为丰富的博物馆之一,珍藏有自原始社会至明清时期具有重要历史、艺术、科学价值的文物 3 万余件套,其中,六朝以来的金银器、青瓷、墓志藏品在全国独具特色。

二、主要游览路线

游览路线:停车场—西津渡古街—救生会旧址—昭关石塔—观音洞—西津渡碑林—待渡亭—镇江博物馆

三、游览注意事项

(1) 西津渡古街景区内有出售旅游纪念品商贩,不想购买请勿随意讨价还价,以免发生矛盾。

(2) 西津渡古街景区由于年代久远,路面比较滑,请注意小心行走。

任务1 沿途导游

❋ 任务导入

2012 年 9 月 27 日 15：00，地陪朱丽带领旅游团由金山景区前往西津渡景区，并在旅游巴士上做沿途导游。

❋ 任务实施

1. 西津渡景区简介

① 景区基本信息：_____

_____

② 景区主要景点：_____

_____

③ 价值和特色：_____

_____

2. 沿途风光介绍

① 城市风貌：_____

_____

② 途经的旅游景点：_____

_____

③ 游客感兴趣的事物：_____

_____

任务2 西津渡景区讲解

❋ 任务导入

2012年9月27日15:15,旅游团抵达西津渡景区停车场,地陪朱丽带领团队下车,前往景区参观游览,并进行景区讲解(图4-14～4-15)。

❋ 任务实施

1. 讲解西津渡古街

图4-14 西津渡古街

① 历史沿革:_____

_____

② 自然环境：_____

_____

③ 特色与价值：_____

_____

_____

2. 讲解救生会旧址

① 历史沿革：_____

_____

_____

② 功能：_____

_____

_____

3. 讲解昭关石塔

图 4-15　昭关石塔

① 修造历史：_____

② 来历和功能：_____

_____

③ 特色与价值：_____

_____

4. 讲解观音洞

① 历史演变：_____

_____

② 传说典故：_____

_____

5. 讲解待渡亭

① 历史沿革：_____

_____

② 建筑特色：_____

_____

任务3 镇江博物馆讲解

✳ 任务导入

2012 年 9 月 27 日 16:00,地陪朱丽带领旅游团参观镇江博物馆(图 4-16 ~ 4-17),并在博物馆门口广场为游客讲解镇江博物馆概况。

图 4-16 镇江博物馆

✳ 任务实施

1. 讲解镇江博物馆概况

① 历史:_____

_____

_____

② 建筑特色:_____

_____

_____

③ 主要藏品：_____

_____

_____

2. 讲解英国领事馆旧址

图 4-17 英国领事馆旧址

① 历史沿革：_____

_____

_____

② 建筑特色及用途：_____

_____

③ 历史事件：_____

_____

_____

项目拓展

1. 请查阅相关资料，了解博物馆讲解有哪些注意事项？

_____

导游资料库

镇江博物馆

　　镇江博物馆是一座地方历史综合艺术博物馆，成立于 1958 年，馆址为原英国领事馆旧址，占地 11700 平方米，五幢东印度风格的建筑依山而建，错落有致。1995 年建成了 1780 平方米的文物库房，馆舍面积达到 5456 平方米；1996 年被国务院批准公布为全国重点文物保护单位。在这座艺术殿堂中，珍藏着 3 万余件从石器时代至明清时期的文物和 10 万册古籍书。其中国宝级文物一件，国家一级文物 70 余件，二级文物 300 余件。西周青铜器，六朝青瓷器，唐、宋、元、明金银器，明清书画为馆藏特色。这些珍宝闪烁着中华民族的智慧和文明，展示着古城镇江历史发展的足迹。

镇江醋文化博物馆

　　中国镇江醋文化博物馆坐落于镇江市 312 国道旁，占地 30 多亩、建筑面积 4000 平方米，是国内首个专业性主题醋文化博物馆。这个博物馆由镇江恒顺集团投资 3000 多万元建设，是江苏省"十一五"百项重点文化建设项目之一，被列入"长三角世博主题体验之旅示范点"，是镇江市第一个集文化遗产保护、科普教育、工业旅游等功能于一体的主题展馆。中国镇江醋文化博物馆分醋史馆、老作坊、陈列馆三大主体展馆，以及一个体验馆。全馆采用声、光、电等现代表现形式，全面展示醋文化、解读醋文化、品味醋文化。

参考文献

[1] 胡华:《导游实务》,旅游教育出版社,2012 年。

[2] 易伟新,刘娟:《导游实务》,清华大学出版社,2009 年。

[3] 袁银枝:《导游业务》,中国轻工业出版社,2011 年。

[4] 叶娅丽:《导游业务》,上海交通大学出版社,2011 年。

[5] 傅远柏,章平:《模拟导游》,清华大学出版社,2010 年。

[6] 周彩屏:《模拟导游实训》,中国劳动和社会保障出版社,2008 年。

[7] 孔永生:《导游细微服务》,中国旅游出版社,2007 年。

[8] 江波:《模拟导游》,湖南大学出版社,2009 年。

[9] 窦志萍:《模拟导游》,旅游教育出版社,2010 年。

[10] 李鸿,杨连学:《模拟导游》,上海交通大学出版社,2011 年。

[11] 高曾伟,卢晓:《旅游资源学》,上海交通大学出版社,2010 年。

[12] 全国导游人员资格考试教材编写组:《全国导游基础知识》,旅游教育出版社,2013 年。

[13] 江苏省旅游局:《走遍江苏》,中国林业出版社,2000 年。

[14] 江苏省旅游局:《江苏导游基础知识》,江苏人民出版社,2011 年。

[15] 吴建:《下江南——华东线导游》,南京师范大学出版社,2011 年。

[16] 潘宝明:《江苏旅游文化》,中国轻工业出版社,2007 年。

[17] 赵冉冉:《新导游必看的 120 个带团案例》,中国旅游出版社,2012 年。

[18] 《导游趣味圣经》编辑部:《不可不知的导游趣味常识》,旅游教育出版社,2012 年。

[19] 李海玲:《导游带团技能速成——经典案例训练》,中国旅游出版社,2013 年。

[20] 钱钧:《华东黄金旅游线导游词》,浙江人民出版社,2010 年。

[21] 郭赤婴:《新导游必备手册》,中国旅游出版社,2009 年。

[22] 陈启跃:《镇江导游》,人民日报出版社,2005 年。